CW00794446

Cai Jones
ac
Esgyrn y Diafol

J. Selwyn Lloyd

Argraffiad Cyntaf – Rhagfyr 1989

ISBN 0 86074 032 3

Dymuna'r cyhoeddwyr gydnabod cymorth a chyfarwyddyd
Adrannau'r Cyngor Llyfrau Cymraeg a noddir
gan Gyngor Celfyddydau Cymru.

Argraffwyd gan Wasg Gwynedd, Caernarfon

Pennod 1

Roedd hi'n ffiaidd o boeth. Ond, dyna fo, meddyliodd Cai Jones, gan ddal ei law uwch ei lygaid rhag gwres llethol yr haul; felly yr oedd hi bob amser yn Ne America. Wythnos eto a byddai'n rhaid cefnu ar y cwbl. Ochneidiodd gan blygu i gau ei gareiau. Oedd, roedd hiraeth am Gymru arno ond eto byddai'n ddigon anodd gadael y gwres, arogl a lliwiau'r enfys o flodau o'r goedwig gerllaw, y traethau gwynion a'r coed palmwydd yn chwifio'n ysgafn yn yr awel. Roedd wedi darllen llawer am yr Amazon ac wedi gwylio ffilmiau o'r lle ond ni feddyliodd erioed fod paradwys fel Puerto Negro i'w chael ar y ddaear.

'Barod?' Teimlodd law ei gyfaill, Bryn Llyfnwy, y golwr, ar ei ysgwydd.

Gwenodd Cai ar y cawr chwe throedfedd a chododd ar ei draed yn araf.

'Pawb yn barod?' gofynnodd gan edrych o gwmpas yr ystafell wisgo. 'Colli neu ennill, fawr o ots heddiw, hogiau. Y gêm olaf ond un. Gêm gyfeillgar fel y lleill. Y chwarae sy'n bwysig, a chofiwch mai Ffransisco Solano ydi'r dyn i'w wylio.'

Sychodd y chwys oddi ar ei dalcen â chefn ei law a gwyliodd y dafnau llaith yn disgleirio ar wynebau gweddill y tîm wrth iddo eu harwain ar hyd y rhodfa hir tua'r cae chwarae. Hon fyddai eu pumed gêm yn

Puerto Negro, dinas fechan ar gwr y goedwig wrth geg afon Amazon yn Brazil, ers pan ddaeth Dic Huws, y rheolwr â hwy yma am fis o wyliau dair wythnos yn ôl bellach.

'Waw, De America. Puerto Negro, nefoedd ar y ddaear.' Cofiodd Cai y fonllef o du'r Mellt pan addawodd Dic Huws a Huw Pari, yr hyfforddwr, y gwyliau iddynt a hynny yn nhrymder gaeaf gartref yng Nghymru, pan oedd copäon Eryri dan gwrlid gwyn.

'Gorweddian yn haul poeth y trofannau ar fôr o dywod claerwyn, hogiau,' ebe Bryn Llyfnwy, a'i lygaid yn pefrio. 'Cysgu dan ddail y palmwydd a . . .'

'Paid ti â bod yn rhy sicr o bethau, gyfaill,' torrodd yr hyfforddwr ar ei draws a gwên yn gwawrio yng nghil ei lygaid. 'Peidiwch chi â meddwl, yr un ohonoch chi, eich bod yn cael gwyliau am ddim, hogiau bach.'

Syrthiodd wyneb pawb wrth iddo ychwanegu'n araf, 'Yr haf neu beidio, bydd raid i ni gadw ein hunain mewn cyflwr da at y tymor nesaf, a beth well nag ychydig o gemau yma ac acw ar hyd Brazil? Gemau cyfeillgar, cofiwch, ond bydd timau arbennig o dda yn ein herbyn. Puerto Negro er enghraifft, a'r seren ryngwladol, Ffransisco Solano yn eu harwain.'

'Solano!' Ni fedrai Cai Jones gadw'r cyffro o'i lais. 'Mae o'n un o chwaraewyr gorau'r byd.'

'Ac yn hen ffrind i ti, rwy'n credu,' ebe'r hyfforddwr.

'Un o'm ffrindiau gorau.'

Edrychai Cai ymlaen at gael cyfarfod â'r bachgen

croenddu o Puerto Negro nas gwelodd ers pedair blynedd bellach. Byddai chwarae pêl-droed yn ei erbyn yn anrhydedd a chymdeithasu ag ef oddi ar y cae yn bleser pur.

'Cai, deffra, wnei di,' teimlodd law y golwr ar ei ysgwydd eto a deffrôdd Cai Jones o'i freuddwydion.

Roedd y cae gwyrddlas o'i flaen a sŵn y dorf yn ei fyddaru. Trodd yn ôl i weld fod y tîm yn barod ac yna rhedodd drwy'r agoriad i ganol y cae, gyda bonllefau'r dorf groenddu bron â chodi to'r stadiwm enfawr.

Rhedodd Cai tuag at y lwmp croenddu o arian byw a safai yn ei ddisgwyl ar ganol y cae.

'Cai, yr hen lwynog,' meddai hwnnw, a'r llygaid bywiog yn llawn chwerthin. 'Pwy fuasai'n disgwyl dod o hyd i ti yn Puerto Negro o bob man.'

'Solano,' gwasgodd Cai y llaw a estynnai'r llall iddo. 'Ers pedair blynedd.'

'A chweir gawsoch chi bryd hynny,' chwarddodd Solano, 'os cofiaf i'n iawn. Pedair gôl i ddim.'

'Doedd Cai Jones ddim yn ei hwyliau gorau y diwrnod hwnnw,' gwenodd Cai. 'Aros di, gyfaill, fe dalwn ni'r pwyth yn ôl heddiw.'

Roedd chwiban y dyfarnwr yn galw'r timau i'w lleoedd yn awr.

'Cofia fod arna i angen dy gwmni di am weddill y dydd,' meddai Solano wrth gerdded wysg ei gefn oddi wrth Cai.

'Byddaf yn edrych ymlaen at hynny,' gwaeddodd Cai ac yna rhedodd i'w le penodol ar y cae.

Roedd hi fel chwarae pêl-droed mewn ffwrn i'r

Mellt. Rhedai'r chwys yn drochion i lawr eu cefnau wrth iddynt redeg yma ac acw ar hyd y cae. Roedd Solano ym mhobman. Bron na thaerai Cai iddo ei weld mewn mwy nag un lle ar yr un pryd.

Drwy gydol yr hanner cyntaf bu tîm Puerto Negro yn ymosod dro ar ôl tro a Chai Jones a'r Mellt heb fedru gwneud dim ond amddiffyn eu rhwyd. Roedd Bryn Llyfnwy yn llenwi'r gôl, yn ei daflu ei hunan o un ochr i'r llall, wrth iddo bwnio'r bêl o'i ffordd yn barhaus, y dyrfa yn siglo o flaen llygaid Cai yn un enfys o liwiau a'u sŵn yn codi a gostwng bob yn ail wrth i'r bêl saethu tua'r rhwyd a sboncio oddi yno oddi ar ben caled neu ddwylo rhawiau Bryn Llyfnwy.

Yna pan oedd y dyfarnwr yn edrych ar ei wats cyn hanner amser trawodd Bryn y bêl â'i ben i gyfeiriad Cai Jones. Am unwaith doedd neb yn ei wylio. I ffwrdd ag ef fel ewig, a'r bêl yn sboncio'n ysgafn o un droed i'r llall. Â chil ei lygaid gwelodd gysgod Solano yn dod amdano. Cododd Cai ei olygon. Roedd Gwyn Ifans ym mhen arall y cae yn disgwyl am y bêl.

'Gwyn,' gwaeddodd Cai gan dynnu ei droed yn ôl yn barod i roi ergyd i'r bêl i ben pellaf y cae.

Gwelodd Solano beth oedd ar droed a gwaeddodd ar un o'i ddynion i wylio Gwyn.

'Rhy hwyr, gyfaill,' gwenodd Cai wrth i'r llall dynnu ei lygaid oddi arno am ennyd.

Ni wastraffodd y Cymro eiliad. Trawodd y bêl â blaen ei droed chwith yn ysgafn ac i ffwrdd ag ef gan adael Solano yn syllu'n syn o'i ôl. Roedd y dorf yn gweiddi am ei waed wrth iddo ruthro tua cheg y gôl.

Doedd neb rhyngddo a'r golwr. Munud cyn chwiban hanner amser.

Er yr holl ruthro a'r gwres llethol, roedd Cai Jones yn ei anian. Roedd ei ben yn hollol glir wrth iddo anelu at drawsbost y gôl. Medrai deimlo rhuthr tîm Solano tuag ato o'i ôl ond ni chynhyrfodd ddim. Cymerodd ei amser. Ciciodd fel mul. Neidiodd golwr Puerto Negro am y darn lledr ond yna roedd y bêl yn taro'r trawsbost ac yn sboncio fel mellten yn ôl. Roedd talcen Cai Jones yn disgwyl amdani a chyn i'r golwr gael cyfle i'w hailwynebu rowliai'r bêl yn aflonydd yng nghornel y rhwyd.

Daeth distawrwydd llethol dros y dorf ac yna chwiban y dyfarnwr i dorri arno a gyrru'r chwaraewyr i'r ystafelloedd gwisgo ar frys.

'Yr un hen gadno, yntê, Cai?' gwenodd Solano arno wrth iddynt redeg oddi ar y cae.

Ond roedd calon Cai Jones yn llawn ac ni fedrai wneud dim ond gwenu ar ei hen gyfaill.

Erbyn dechrau'r ail hanner roedd Cai yn fwy penderfynol nag erioed. Tro'r Mellt oedd hi i ymosod yn awr. Cyn i'r chwiban ysgrechian bron roedd yn arwain ei ddynion ar hyd y cae gan ddymchwel y gelyn i'r llawr fel dail o flaen y gwynt.

'Yma, Cai.' Clywodd Cai lais Gwyn Ifans o'r asgell dde.

Arhosodd nes bod dau o amddiffynwyr y tîm arall bron â'i gyrraedd, tro sydyn i'r bêl ac yna i ffwrdd â hi fel wennol dros bennau'r lleill i syrthio'n dwt wrth draed Gwyn, ddecllath o geg y gôl. Trawodd yntau hi'n ysgafn a'i hanfon o'i flaen i gyfeiriad y gôl.

Roedd y golwr tal yn ei herio yn awr. Gyrrodd Gwyn y bêl fel bwled tuag ato.

Daeth y tawelwch sydyn dros y dorf eto ac yna'r ochenaid uchel o ryddhad wrth i'r golwr gael ei fysedd iddi a'i bwrw dros y llinell. Cic gornel i'r Mellt. Galwodd Cai ar y rhan fwyaf o'i dîm i ddod i'r frwydr. Roedd ceg y gôl yn fôr o grysau cochion wrth iddo osod y bêl yn ofalus ar gornel y cae. Cymerodd ei amser i anelu. Ciciodd nes bod poen yn ei droed a gwyliodd y bêl yn gwyro mewn hanner cylch tuag at y gôl ac yna ciciodd y llawr mewn gwylltineb yn gymysg â siom wrth iddi hedfan dros y gôl i ganol y dorf.

Tro'r tîm arall oedd hi yn awr. Roedd Cai hanner y ffordd ar draws y cae pan welodd y cysgod yn ei oddiweddyd. Ceisiodd osgoi tua'r dde ond roedd ysgwydd Solano yn ei gyffwrdd. Er mor fychan ac eiddil yr edrychai'r llanc roedd yn gryf fel ceffyl gwedd. Trawiad sydyn ac roedd Cai Jones yn mesur ei hyd ar y llawr caled. Gwasgodd ei ben-glin i'w fynwes a gwnaeth wyneb hyll am eiliad ond ni chymerodd y dyfarnwr yr un sylw ohono. Yna cododd fel mellten a'i chychwyn hi ar ôl Solano a oedd bellach yn nesáu at gôl y Mellt, a Bryn Llyfnwy fel wiwer yn neidio o un gornel i'r llall gan weiddi'n groch ar yr amddiffynwyr.

Roedd y dorf wedi mynd tros ben llestri yn lân, traed yn curo fel tabyrddau, lleisiau'n gweiddi'n groch, baneri lliwgar yn cael eu taflu i'r awyr ac yna'r awyr yn rhwygo gan y waedd wrth i Solano anfon y bêl fel saeth i gornel y rhwyd.

'Gôl.'

Cymerodd gryn bum munud i'r dyfarnwr a'r chwaraewyr gael y dyrfa oddi ar y cae; pawb am gael cyffwrdd â'u harwr a phawb am gael ei longyfarch. Toc wedi i bawb gilio'n ôl i'w seddau, cododd Solano ei fawd ar Cai Jones a winciodd yn slei. Gwenodd Cai yn ôl arno ond yna gwelodd ef yn rhuthro tuag at y bêl. Brysiodd Cai amdani hefyd. Gwaeddodd nerth esgyrn ei ben wrth iddo nesáu. Yna taflodd ei hun yn ôl a sglefrio tuag ati ar ei sodlau. Ciciodd hi o'r ffordd wrth i Solano ei gyrraedd. Gwelodd Cai y bwndel du a glas yn rowlio heibio iddo. Yna roedd Solano yn cofleidio'r glaswellt a Chai Jones yn codi ar ei draed. Gwaeddodd wrth iddo weld y bêl rhwng traed Nic a chawr croenddu yn mynnu mynd â hi oddi arno. Eiliad arall ac roedd y bêl yn chwyrlïo tuag ato drwy'r awyr. Neidiodd Cai amdani, ei ben melyn yn disgleirio yng ngolau'r haul wrth iddo gyffwrdd â'r bêl. Gadawodd iddi redeg yn araf i lawr ei fynwes. Â chil ei lygaid gwelodd un o'r tîm arall yn dod amdano'n wyllt.

'Gwyn,' gwaeddodd wrth iddo glywed llais Gwyn Ifans o'i ôl.

Ciciodd y bêl yn ôl â'i sawdl a gwelodd Gwyn yn mynd heibio iddo fel mellten goch. Rhoddodd yntau hergwd galed i siwmper las ac i ffwrdd ag ef i gyfeiriad y gôl, gyda Nic yn brysio ar ei ôl. Roedd Gwyn Ifans wedi cicio tua'r rhwyd yn barod. Trawodd y bêl yn erbyn y postyn chwith a sboncio yn ôl i'r cae. Roedd un o amddiffynwyr Puerto yn disgwyl amdani. Cafodd ei ben iddi a'i gyrru ymlaen at un arall o'r tîm.

Roedd Solano yn rhedeg tua cheg gôl y Mellt yn awr gan weiddi'n groch am y bêl. Brysiodd Cai Jones ar ei ôl. Gwibiodd yntau o'r ffordd wrth i'r bêl ddod tuag atynt ar hyd y llawr. Solano oedd yno gyntaf. Roedd heibio Cai Jones fel fflach o wn a'r bêl wrth ei droed. Daliodd Cai ei droed allan am y bêl gan orfodi'r llall i saethu. Ond nid oedd Solano yn hanner parod. Aeth y bêl yn syth i ddwylo saff Bryn Llyfnwy ac yna fe'i taflodd hanner ffordd ar draws y cae i ddiogelwch.

Trodd Cai Jones ei lygaid i ddilyn y bêl ar hyd y cae. Gwelodd hi yn cyrraedd blaen troed un o ddynion y Mellt. Yna roedd hi'n symud eto, yn gyflym drwy'r awyr o ochr chwith y cae i'r ystlys dde. Roedd Solano yno fel barcud ar ôl cwningen, dau o'i dîm yn ei amddiffyn o'i ôl. Bonllefai'r dorf eto wrth i'r seren ryngwladol ei chychwyn hi am rwyd y Mellt a chwe throedfedd Bryn Llyfnwy yn unig rhyngddo a'r gôl.

Wrth i Solano dynnu ei droed yn ôl yn barod i saethu taflodd y golwr mawr ei hun tuag ato. Caeodd Cai ei lygaid rhag gweld troed Solano yn taro pen Bryn. Ond yna clywodd y dorf yn gweiddi'n groch. Roedd y golwr wedi cipio'r bêl o dan draed y llall. Safai yng nghornel y gôl yn awr, gwên lydan ar ei wyneb, a'r bêl yn saff yn ei freichiau.

Ochneidiodd Cai mewn rhyddhad ac yna rhedodd i ganol y cae. Sbonciodd Bryn Llyfnwy y bêl unwaith neu ddwy ac yna fe'i ciciodd. Ebychodd y dorf mewn syndod wrth iddi fynd yn fwa drwy'r awyr a glanio ger llinell gôl yr ochr arall. Rhedodd y golwr i'w chyfarfod. Ni chafodd gyfle i'w chodi. Rhoddodd flaen ei droed iddi a'i hanfon ar wib i lawr y cae. Nic oedd y cyntaf i'w chyrraedd, eiliad o flaen Solano.

'Cai,' gwaeddodd gan ei hanfon tuag at ei gapten drwy'r awyr.

Daliodd Cai Jones hi ar ei fron, rhedodd yn ei flaen gan ei gwthio tua'r llawr. Cic ysgafn iddi ac yna un arall o'r crysau cochion yn mynd â hi ymlaen tua'r gôl.

Roedd sŵn Solano o'i ôl yn bytheirio fel tarw gwyllt yn ymwthio Cai Jones yn ei flaen. Teimlai ei ysgyfaint fel pe bai ar rwygo wrth iddo ymdrechu i gyrraedd y gôl o'i flaen. Roedd y bêl allan ar yr asgell chwith yn awr, mwy o las nag o goch o flaen y gôl.

Rhedodd Cai i'r canol wrth iddo weld Mel Huws yn cicio'r bêl tuag atynt. Gwyliodd hi'n dod drwy'r awyr a rhoddodd hergwd i ddau o ddynion Puerto oddi ar ei ffordd. Neidiodd yn uchel a theimlodd oerni'r lledr caled yn erbyn ei dalcen. Ond yn rhy hwyr sylweddolodd mor agos i bostyn y gôl yr oedd. Wrth iddo weld y bêl yn taro'r rhwyd, a'r dorf yn gweiddi'n groch, teimlodd y pren yn taro'i ben a'r gwaed yn ffrydio'n gynnes i lawr ei wyneb. Yna teimlodd ei goesau fel dwy frwynen.

Diffoddodd golau'r haul a llithrodd yn araf tua'r llawr.

Pennod 2

Pan ddaeth ato'i hun roedd yn gorwedd wrth y gôl, sŵn y dorf yn mân siarad yn ei glustiau, dŵr oer o sbwng yr hyfforddwr yn llifo hyd ei wyneb. Agorodd ei lygaid ac yna eu cau'n sydyn rhag disgleirdeb yr haul crasboeth.

'B . . b . . b . .?' dechreuodd holi gan godi ar ei eistedd. Roedd ei ben yn curo fel gordd. Ceisiodd godi ar ei draed ond aeth pob man yn dywyll am eiliad eto ac eisteddodd yn ei ôl.

'Mae dy gêm di drosodd am heddiw, Cai.' Clywodd lais yr hyfforddwr fel o bell.

Dechreuodd brotestio'n wyllt ond yna roedd pob man yn siglo o'i gwmpas a gadawodd i ddwylo cryfion ei godi ar ei draed yn araf. Cariwyd ef ar draws y cae a thrwy'r twnel.

'I ble . . .?' gofynnodd yn wyllt a'i lygaid yn melltennu.

'Paid â phoeni. Wedi taro dy ben yn o ddrwg yr wyt ti. Fe fyddi di'n iawn ymhen ychydig,' ebe Huw Pari. 'Does yna ddim llawer o niwed. Wedi dy syfrdanu yr wyt ti fwyaf.'

Aethpwyd ag ef i ystafell foethus yn y stadiwm. Rhoddwyd ef i orwedd ar soffa hir. Edrychodd Cai o'i gwmpas. Roedd bar hir ar hyd un ochr i'r ystafell, cadeiriau moethus yma ac acw a ffenest enfawr yn wynebu'r cae pêl-droed.

'Rydan ni ar y blaen o ddwy gôl i un, diolch i ti,' gwenodd yr hyfforddwr arno.

Craffodd Cai drwy'r ffenest lydan ond roedd ei lygaid yn boenus a gorweddodd yn ôl ar y soffa foethus eto.

'Mae'n well i'r meddyg gael golwg arnat ti,' ebe Huw Pari gan gerdded yn ôl a blaen yn ddiamynedd. 'Fydd o ddim yn hir.'

Daeth cnoc sydyn ar y drws. Cerddodd gŵr canol oed, llewyrchus yr olwg i mewn. Roedd côt wedi ei thaflu tros ei ysgwyddau er mor boeth oedd yr haul. Disgleiriai ei groen du yn y gwres ac roedd modrwyau trymion ar fysedd ei ddwy law. Gŵr bychan o gorff ydoedd ond roedd yn dew. Bron na ddywedai Cai ei fod yr un hyd a'r un lled.

'Eurico Lopez,' meddai a gwên ar ei wyneb. 'Rhaid oedd i mi gael cyfarfod â'r enwog Cai Jones.'

'Enwog?' dechreuodd Cai chwerthin.

'Fe wyddom ni pwy ydi pwy ym myd y bêl-droed yn y rhan yma o'r byd,' ebe'r llall gan ei ollwng ei hun i un o'r cadeiriau esmwyth.

'Rydw innau wedi clywed amdanoch chwithau hefyd,' ebe Cai yn araf.

Meddyliodd ei fod yn gweld fflach o gasineb yn llygaid y llall am eiliad fer. Yna roedd y wên yn ôl eto, y dannedd gwynion yn pefrio. Gwên wenci meddyliodd Cai, neu wên sarff cyn iddi daro.

Gwyddai, fe wyddai yn iawn am Mr. Eurico Lopez. Onid oedd holl bapurau'r byd wedi cario straeon amdano yn eu tro. Y dyn cyfoethocaf yn Puerto Negro. Ef a adeiladodd y stadiwm enfawr lle roeddynt yn awr, ef oedd perchen y cwbl. Eto ni wyddai neb o ble y daethai ei gyfoeth. Roedd rhai yn sôn am werthu arfau, eraill am werthu a smyglo cyffuriau. Os oedd rhywbeth ffiaidd ar dro yn y byd roedd enw Lopez yn cael ei yngan. Eto ni chafodd ei ddwyn i'r ddalfa erioed. Ni phrofwyd dim drwg yn ei erbyn. Roedd fel duw ymysg ei bobl ac roedd y ffaith ei fod yn cyfrannu miloedd y flwyddyn at achosion da yn gwneud i werin llawer gwlad ymserchu ynddo.

'Dim byd rhy ddrwg gobeithio,' meddai gan godi o'i gadair a syllu ar ben Cai Jones cyn mynd at y bar a thywallt diod iddo'i hun. 'Y peth olaf fyddwn i yn ei hoffi fyddai i'r enwog Cai Jones gael ei anafu yma yn ein gwlad ni. Gwlad y gân a'r dawnsio ydi Brazil. Croesawu ein cyfeillion y byddwn ni nid eu hanafu.'

Chwarddodd yn uchel ac yna cododd y gwydryn at ei geg a'i wagio. Toc aeth tua'r drws a throi eto.

'Mae croeso i chi aros yn yr ystafell yma cyhyd ag yr hoffech, gyfeillion,' meddai. 'Gobeithiaf weld y tîm i gyd yfory.'

Yna gan droi at Huw Pari ychwanegodd cyn diflannu, 'Gadewch i mi wybod beth fydd y meddyg yn ei ddweud.'

Ond y cwbl a ddywedodd y meddyg pan ddaeth ymhen rhyw ddeng munud oedd yr hyn a ddywedodd yr hyfforddwr ychydig ynghynt.

'Dim llawer o niwed,' meddai wedi archwilio pen Cai. 'Dim angen pwyth. Mae'r pen yma yn galetach na'r postyn gôl bron. Noson iawn o gwsg a byddwch fel dyn newydd yn y bore.'

Wedi iddo eu gadael aeth Cai tua'r ffenest eto a gwyliodd y gêm yn dirwyn i ben.

'Dal ar y blaen, dwy gôl i un,' ebe Huw Parri wrtho wrth weld y cwestiwn yn ei lygaid. 'Os medrwn ni eu cadw draw am bum munud arall . . .'

Cnoc ysgafn ar ddrws yr ystafell eto a daeth gŵr ifanc tal mewn iwnifform las golau i mewn, gwn wrth ei wregys a ffon fechan yn ei law.

'Pennaeth y Polîs yn Puerto Negro,' gwenodd gan dynnu ei gap a dod i sefyll wrth ochr Cai i wylio'r gêm drwy'r ffenest.

'Gwelais yr anffawd gynnau,' meddai. 'Meddwl y buaswn yn dod i weld sut mae'r claf. Fe ddywedodd Mr. Lopez eich bod fan hyn.'

Rhwbiodd Cai Jones y clais dulas a oedd wedi codi ar ei dalcen a gwingodd mewn poen. Ond yna gwenodd ac estynnodd ei law tuag at y plismon.

'Rydw i'n llawer mwy enwog yma nag yn fy ngwlad fy hun,' meddai. 'Mae pawb o bwys am gael fy ngweld i. Funud yn ôl, Mr. Lopez ac yn awr, Pennaeth y Polîs.'

'Mae'n rhaid eich bod yn ŵr go bwysig i Eurico Lopez ddod i'ch gweld chi,' meddai'r llall.

Roedd digon o gwestiynau ym meddwl Cai. Hoffai wybod mwy am Eurico Lopez ond ar y funud nid oedd mewn hwyl i'w gofyn. Roedd y gêm ar orffen pan ddaeth sŵn clecian ysgafn o'r radio fechan a gariai'r plismon ar ei fron. Sylwodd Cai ar y wên yn diflannu o'i wyneb wrth iddo ei chodi at ei glust.

'Pennaeth,' meddai'n swta i'r radio. 'Rydw i yn y stadiwm bêl-droed. Rhywbeth yn bod?'

'Syr.' Roedd cyffro yn y llais anweledig. 'Syr, mae eich angen yn y pencadlys ar unwaith.'

'Ie. Mater pwysig felly?' gofynnodd y pennaeth.

'Syr, mae Esgyrn y Diafol wedi cael eu dwyn.'

Yn llais y pennaeth yr oedd y cyffro yn awr.

'Esgyrn y Diafol,' meddai. 'Byddaf yna ymhen pum munud.'

Yna heb air o ffarwel rhuthrodd allan o'r ystafell fel yr oedd y gêm yn gorffen a'r Mellt yn dal ar y blaen, diolch i Cai Jones.

'Be aflwydd ydi Esgyrn y Diafol?' ebe Cai wedi i'r plismon ddiflannu mor ddisymwth.

Codi ei ysgwyddau wnaeth Huw Parri. 'Does gen i ddim syniad,' meddai.

'Pethau rhyfedd iawn i'w dwyn,' ychwanegodd gan chwerthin. 'Esgyrn y Diafol? Fe fyddwn i yn falch iawn o weld pethau felly yn mynd yn ddigon pell oddi wrtha i.'

Yna wrth iddynt weld y dorf islaw iddynt yn ymadael â'r cae, sylwodd y ddau ar y bobl yn rhuthro i brynu papurau newydd a oedd ar werth yn y stadiwm yn awr.

'Beth bynnag ydi Esgyrn y Diafol maen nhw wedi creu digon o gynnwrf,' ebe Cai.

Roedd y newyddion yn gyrru rhai o'r brodorion i ymddwyn fel pe baent o'u cof yn lân, rhai ohonynt yn gweiddi'n groch ac eraill yn edrych fel pe baent yn wylo.

'Mae ofn arnyn nhw,' ebe Cai wedi eu gwylio am ychydig. 'Mae arnyn nhw ofn rhywbeth, Huw.'

Cododd Huw Pari ei ysgwyddau unwaith eto.

'Rhai fel yna ydyn nhw, Cai,' meddai. 'Maen nhw'n afreolus ryfeddol ac mae ofn y pethau rhyfeddaf arnyn nhw. Maen nhw mor wahanol i ni.'

Roedd y ffaith fod y Mellt wedi ennill wedi helpu i wella mwy ar ben Cai na dim arall. Cododd ar ei draed yn sigledig ddigon.

'Mae'n well i ni fynd yn ôl i'r ystafell wisgo,' meddai, gan afael ym mraich yr hyfforddwr i'w gadw ei hun rhag syrthio. 'Rhaid i ni longyfarch yr hogiau.'

'Ti sydd i'w longyfarch, Cai,' oedd ateb tawel y llall. 'Ti enillodd y gêm i ni.'

Cerddodd y ddau tua'r ystafell lle roedd gweddill swnllyd y tîm yn eu haros. Nid oeddent ond prin wedi cyrraedd pan agorodd y drws yn araf. Safai Ffransisco Solano yno.

'Cai, wyt ti'n iawn?' gofynnodd a'i wyneb yn ddwys.

'Solano, fe ddywedais i wrthat ti y byddet ti yn cael curfa,' chwarddodd Cai gan fynd ato a'i gofleidio.

Ond nid oedd gwên yn agos i wyneb Solano.

'Paid â chymryd y peth gymaint o ddifrif,' gwenodd Cai gan ei daro yn chwareus ar ei gefn. 'Gwena, wnei di? Dydi hi ddim yn ddiwedd y byd.'

'Dwyt ti ddim yn deall,' atebodd Solano ac roedd ofn yn ei lais ac yn ei lygaid. 'Hwyl i ti.' A throdd ar ei sawdl gan gau'r drws â chlep ar ei ôl.

'Hei.' Agorodd Cai y drws a chamodd i'r rhodfa. Gwyliodd gefn ei ffrind yn brysio oddi wrtho.

'Solano,' gwaeddodd yn uchel. 'Be' sydd arnat ti? Fedri di ddim cymryd cweir?'

Arhosodd y llall a throdd i wynebu Cai Jones. Yna daeth yn ei ôl yn araf.

'Mae Esgyrn y Diafol wedi diflannu, Cai,' meddai yn araf a dwys. 'Glywaist ti mo'r newyddion? Mae Esgyrn y Diafol wedi cael eu dwyn.'

Dechreuodd Cai chwerthin ond yna gwelodd yr ofn yn llygaid ei gyfaill eto, y math o ofn nas gwelodd o'r blaen ond mewn llygaid anifail.

'Be aflwydd sydd yn digwydd yma?' gofynnodd gan roi ei ddwy law ar ysgwydd Solano yn dyner. 'Dwed wrtha i, wnei di?'

Edrychodd y pêl-droediwr croenddu tros ei ysgwydd fel pe bai arno ofn i rywun ei glywed neu ei weld.

'Heno? Be' wyt ti'n ei wneud heno?' gofynnodd yn isel.

'Heno? Ond rwyt ti wedi anghofio yn barod, y trychfil,' gwaeddodd Cai. 'Rwyt ti wedi addo mynd â mi o gylch y dref yma. Rwyt ti wedi addo y byddwn ni yn peintio'r lle yn goch. Wyt ti ddim yn cofio yr hwyl gawson ni yng Nghaerdydd bedair blynedd yn ôl? Mae'n bryd i ti dalu yn ôl i mi am hynny rŵan, ngwas i.'

Nid oedd wên ar wyneb Solano.

'Tyrd draw i fy fflat i heno tua wyth o'r gloch,' meddai'n araf gan edrych o'i gwmpas eto. 'Fe gawn ni sgwrs fan honno. Dydw i ddim yn teimlo fel mynd allan heno a wnaiff o ddim lles i tithau fynd ychwaith efo'r pen yna sydd gen ti.'

'Os mai dyna sydd orau gen ti,' ebe Cai yn araf. 'Wyth o'r gloch?'

'Wyth o'r gloch,' ebe'r llall gan droi ar ei sawdl. 'Tyrd â rhywun efo ti a gwylia nad oes neb yn dy ddilyn.'

'Neb yn fy nilyn i? Ond pam yn enw pob rheswm?'

Ond ni chafodd ateb i'w gwestiwn. Roedd ei ffrind wedi diflannu'n barod.

'Mae rhywbeth o'i le efo fo. Mae o wedi newid yn hollol,' oedd geiriau cyntaf Cai wrth Bryn Llyfnwy wedi i'r golwr ddod i'w ystafell i aros amdano y noswaith honno. Safai'r gwesty lle roedd y Mellt yn aros ar lan y môr, rhyw chwe milltir o'r ddinas. Roedd coedwig drwchus yn ysgubo bron tuag at y tywod gwyn a'r blodau amryliw oedd yn gorchuddio'r coed yn tywallt persawr bythgofiadwy dros bob man.

Ochneidiodd Cai ac aeth i sefyll wrth y ffenest a synfyfyrio ar yr haul yn euro'r môr tawel wrth suddo'n gyflym tros y gorwel.

'Bydd yn nos toc,' meddai gan gofio mor sydyn y deuai'r tywyllwch i'r trofannau. 'Nos cyn i ni gyrraedd.'

'Rhag i neb ein gweld,' ychwanegodd toc. 'Mae ar y creadur ofn nes ei fod bron marw, Bryn. Dydi hynny ddim fel Solano o gwbl. Bachgen hapus braf fu o ers pan ddeuthum i i'w adnabod o, heb ofal yn y byd. A rŵan mae'r ofn i'w weld yn ei lygaid o fel llygaid cwningen pan mae cudyll uwch ei phen. Fedra i ddim deall y peth.'

Chwarddodd y golwr, rhyw chwerthin gwneud, gwag.

'Fedri di byth ddeall pobl y lle yma, Cai,' meddai

gan fynd i sefyll wrth ochr ei ffrind. 'Rhai fel yna ydyn nhw: ofergoelus, ofn eu cysgod eu hunain, ofn pethau na fyddai'n poeni dim arnon ni. Cofia di, gwlad y *voodoo* ydi hon. Dwyt ti a finnau ddim yn deall y fath sothach ond mae'r bobl yma yn credu mewn pethau rhyfedd cofia.'

Camodd Cai yn ôl yn sydyn o'r ffenest a thynnodd y llall ar ei ôl.

'Be aflwydd sydd arnat ti?' gofynnodd Bryn Llyfnwy yn chwyrn gan dwtio llawes ei grys. 'Wyt ti wedi gweld ysbryd neu rywbeth?'

'Fan acw, yn y lloches haul acw i'r chwith,' sibrydodd Cai. 'Weli di o? Roedd o yna pan ddaethon ni yn ôl i'r gwesty heno a rydw i wedi ei weld o'n rhywle o'r blaen hefyd.'

Craffodd y golwr tal heibio ochr y llenni.

'Be' aflwydd wyt ti wedi ei weld, Cai?' dechreuodd gan wenu. Yna sobrodd drwyddo wrth iddo yntau hefyd weld y gŵr yn y gwyll.

Ychydig lathenni oddi wrth ddrws agored y gwesty safai hen loches haul ar lan y môr. Nid oedd yno ddim ond to o ddail palmwydd wedi eu plethu, yn sefyll ar bedair coes o bren fel cysgod rhag yr haul. Er ei bod yn prysur dywyllu medrai Bryn weld cysgod y gŵr yn sefyll yno yn hollol lonydd, oni bai am ei law yn codi sigarét at ei geg bob hyn a hyn. Roedd yntau fel Cai Jones wedi sylwi arno pan ddaethant yn ôl i'r gwesty o'r stadiwm yn hwyr y p'nawn hwnnw. Ni fedrai neb beidio â sylwi arno. Roedd y gŵr yn sefyll allan fel blaidd ymysg y defaid. Nid oedd dim o'i gwmpas yn ffitio rhywsut. Dyn gwyn, main ydoedd, ei wallt du wedi ei frwsio'n ôl yn dynn, cysgod diwrnod neu ddau heb eillio ar yr wyneb main, côt law amdano er bod y tymheredd bron yn gant yn y cysgod ac fel Cai, roedd Bryn wedi sylwi ar y lwmp dan gesail y gôt. Roedd y gŵr yn cario gwn, doedd dim byd yn sicrach. Dyn fel ag a welodd mewn ffilmiau ydoedd neu ddyn y bu'n darllen amdano mewn nofelau. Ni feddyliodd erioed y byddai yn dod ar draws un fel hwn yn ei fywyd.

Cymerodd arno chwerthin a throdd i wynebu Cai.

'Dwyt ti ddim yn meddwl am funud . . .?' dechreuodd ond roedd llygaid Cai yn ddwys wrth iddo fynd i sbecian drwy'r llenni.

'Mae o yn ein gwylio ni, Bryn,' meddai. 'Mae o yna ers tro.'

Yna aeth i eistedd ar gadair esmwyth a chuddio ei wyneb yn ei ddwylo gan feddwl yn ddwys.

'Ble aflwydd y gwelais i o?' meddai. 'Fedra i ddim anghofio'r wyneb main yna. Mae fel wyneb llygoden fawr. A'r llygaid yna yn colli dim, llygaid wenci. Ymhle ar y ddaear?'

Yna cododd yn sydyn a brasgamodd at y ffenest.

'Wrth gwrs,' meddai a'i lais yn codi mewn cyffro. 'Roedd o yn lolfa'r gwesty yma y noson o'r blaen. Roedd o'n eistedd ar ei ben ei hun dan yr hen balmwydden yna sydd yng nghornel y bar. Roedd o yno yn ein gwylio ni o'r cysgodion.'

Gafaelodd yn dynn ym mraich ei gyfaill. 'Mae'r dihiryn yn ein gwylio ni, Bryn,' meddai'n floesg. 'A geiriau olaf Solano oedd, "paid â gadael i neb dy ddilyn di". Roedd arno ofn i rywun ein dilyn ni, Bryn.'

Chwarddodd Bryn Llyfnwy yn uchel yn awr ac aeth am ddrws yr ystafell.

'Rwyt ti yn mynd mor ofergoelus â Solano, Cai,' meddai'n ysgafn. 'Nid mewn ffilmiau rydan ni cofia. Tyrd, pa achos sydd gan neb i'n dilyn ni? Rwy'n siŵr ein bod yn gwneud cam mawr â'r creadur druan acw. Disgwyl am rywun y mae o. Does dim byd i brofi ei fod o'n disgwyl amdanon ni.'

Ond dal i deimlo'n ofnus wnâi Cai wrth iddo ddilyn y cawr chwe throedfedd i lawr y grisiau tuag at gyntedd y gwesty. Diolchai fod Bryn wrth ei ochr. Ni fyddai llawer o niwed yn dod iddo gyda'r golwr tal o'i blaid.

Wedi cyrraedd y cyntedd roedd y car a fenthycodd Bryn Llyfnwy yn disgwyl amdanynt wrth ddrws y gwesty. Neidiodd Bryn i'r sedd yrru a Chai wrth ei ochr. Rhoddodd Cai bwniad i'r llall ac amneidiodd tua'r traeth. Roedd y gŵr tal yn brysio o'i guddfan tuag at gar Americanaidd, hen *Cadillac* ugain oed o leiaf, a safai heb fod ymhell.

Wrth i Bryn gychwyn y car a gyrru tua'r ffordd a dorrai drwy'r goedwig, cadwai Cai ei olwg o'i ôl. Roedd y llall yn dynn wrth eu sodlau.

'Nawr wyt ti'n coelio?' gwaeddodd wrth i'r gwynt chwythu ei wallt yn donnau melyn o'i ôl yn y car penagored. 'Mae'r dihiryn ar ein holau ni. Be' ar y ddaear mae o eisiau?'

Gwenodd Bryn a phwysodd ei droed ar y sbardun.

'Cawn weld,' meddai rhwng ei ddannedd wrth i

drwyn main y car chwyrnu i'r nos. 'Fydd o ddim efo ni yn hir, gei di weld.'

Ond nid car i'w golli oedd y *Cadillac*. Ugain oed neu beidio cadwai ar gwt y car arall a doedd dim a wnâi Bryn yn ddigon i'w golli. Roedd y cloc cyflymdra yn darllen wyth deg milltir yr awr wrth iddynt chwibanu drwy'r coed, y ddau lafn golau fel dwy gyllell felen yn torri'r ffordd iddynt.

'Mae o'n dal i'n dilyn ni,' ebe Cai am y canfed tro. 'Be aflwydd wnawn ni? Mae o yn siŵr o'n dal ni.'

'Dal dy afael,' gwaeddodd Bryn Llyfnwy yn sydyn. Ar yr un eiliad plannodd ei droed ar y brêc. Sgrechiodd teiars y car ar y ffordd wrth iddo droi rownd a rownd fel top. Gafaelodd Cai yn dynn yn y ffenest o'i flaen a brathodd ei wefl nes bod y gwaed yn diferu. Meddyliodd am eiliadau hirion na fyddai'r car byth yn aros. Ond yna stopiodd ar draws y ffordd gul.

Neidiodd y ddau ohono wrth i'r car arall geisio eu hosgoi. Yna roedd y *Cadillac* yn aros ychydig fodfeddi oddi wrthynt a'r mwg yn byrlymu o'i drwyn a oedd yn sownd wrth foncyff un o'r coed uchel. Rhuthrodd y gŵr ohono ond roedd Bryn Llyfnwy yn ei ddisgwyl.

'Chwilio am rywbeth, gyfaill?' gofynnodd a bygythiad yn ei lais a'r dwylo enfawr yn llipa ond yn barod wrth ei ochr.

'Wyt ti'n gall?' cyfarthodd y llall. 'Be' wyt ti'n geisio'i wneud? Ein lladd ni i gyd? Welais i neb yn fy nydd yn gyrru fel yna o'r blaen. Dwyt ti ddim ffit i yrru berfa.'

Aeth y golwr tal yn nes ato.

'Fe ofynnais i gwestiwn i ti,' meddai a'i lais yn codi mewn gwylltineb. 'Beth wyt ti ei eisiau gennym ni?'

Roedd llygaid y dieithryn yn melltennu ond ni ddywedodd air. Aeth ei law am boced ei gesail yn araf.

'Gwn. Gwylia fo,' gwaeddodd Cai Jones nerth esgyrn ei ben.

Ond fe wyddai Bryn hynny yn iawn hefyd. Cododd ei ddwrn de o ymyl ei ben-glin ac roedd y glec i'w chlywed ym mrigau'r coed uwchben wrth iddo daro gên y llall. Un ergyd ond roedd yn ddigon i lorio mul. Daeth un ebychiad o syndod o grombil gwddf y gŵr, agorodd ei lygaid mewn ofn am eiliad ac yna syrthiodd yn ddiymadferth i'r llawr ac aros yno ar wastad ei gefn.

Rhuthrodd Bryn i'w boced gesail ac yna daeth y syndod i'w lais.

'Yr arswyd fawr, bocs sigarét,' meddai. 'Dyna beth oedd yn ei boced. Tyrd oddi yma, brysia. Be' ar y ddaear ydan ni wedi'i wneud? Dim ond chwilio am sigarét yr oedd y creadur.'

Ond roedd Cai Jones wedi ei droi ar ei ochr yn barod.

'A beth am hwn?' meddai a thôn o fuddugoliaeth yn ei lais wrth iddo dynnu'r arf o boced ôl y gŵr. 'Beth wyt ti'n galw hwn?'

Chwibanodd Bryn Llyfnwy.

'Gwn,' meddai a chryndod yn ei lais. 'Un nerthol hefyd. Does neb yn cario un o'r rhain i chwarae cowbois. Roedd y dihiryn yma yn meddwl busnes. Mae un fwled o drwyn hwn yn gwneud ei hôl a fyddet ti ddim yma i ddweud y stori wedyn.'

'Beth ddywedais i wrthat ti?' gwaeddodd Cai yn ei wyneb. 'Roeddwn i'n gwybod ei fod ar ein holau ni, ond be aflwydd mae o ei angen?'

Chwiliodd y golwr bocedi'r gŵr yn frysiog.

'Rhywbeth?' gofynnodd Cai wrth ei weld yn codi â rhywbeth gwyn yn ei law.

'Dim byd ond darn o bapur,' meddai Bryn gan fynd ag ef at olau'r car a oedd yn dal i serennu i ddüwch y goedwig fel dau lygad draig.

Chwibanodd eto. 'Llythyr,' meddai'n ddwys gan ei ddangos i'r llall. 'Llythyr oddi wrth Eurico Lopez yn dweud fod hwn, Carlos Vargas, yn gweithio iddo ef ac yn gofyn i'r polîs roi rhwydd hynt iddo ble bynnag y mae.'

Ysgydwodd Cai Jones ei ben yn araf.

'Un o ddynion Lopez,' meddai. 'Dyna i ti'r giwed o ddihirod a lladron mwyaf yn y lle yma, Bryn. Maen nhw'n dweud nad oes dim byd nad ydi'r cnafon yna wrth ei wraidd – llofruddio, herwgipio, cyffuriau, *voodoo*. Maen nhw yn rheoli popeth.'

Yna teimlodd fysedd oerion yn chwarae ar asgwrn ei gefn.

'Be yn enw popeth wnawn ni rwan?' gofynnodd yn wyllt. 'Dydi'r bobl yma ddim yn bobl i chwarae â nhw.'

'Tyrd. Mynd yn ddigon pell oddi wrthyn nhw ydi'r peth gorau,' ebe Bryn Llyfnwy.

Wrth iddynt ddringo yn ôl i'r car daeth sŵn griddfan isel o wddf y gŵr ar y llawr.

'Brysia, mae o'n dod ato'i hun,' ebe Cai.

Ond brysiodd Bryn yn ôl at y *Cadillac* nerthol. Tynnodd yr allwedd ohono a'i daflu i ganol y prysgwydd.

'Chaiff y cnaf ddim gafael arnon ni heno ar chwarae bach,' chwarddodd yn uchel cyn neidio at ochr Cai ac yna, wedi cael trwyn y car i anelu y ffordd iawn unwaith eto, i ffwrdd â hwy drwy'r goedwig fel petai holl ellyllon y fall ar eu holau.

Pennod 3

'Faint o'r gloch ydi hi?' gofynnodd Cai toc gan droi yn ei sedd ac edrych yn ôl yn barhaus.

'Hanner awr wedi wyth. Weli di mo'r cloc yna?' atebodd Bryn. 'Paid â phoeni, wnei di? Mi fydd Solano yn iawn a . . .'

'Ond rydan ni'n hwyr ac mae gen i ryw deimlad rhyfedd yn fy ymysgaroedd yn rhywle.'

Chwarddodd y golwr a thrawodd Cai Jones ar ei ysgwydd yn ysgafn.

'Nid plentyn ydi o, Cai,' meddai. 'Mi fedar Solano edrych ar ei ôl ei hun yn iawn. Paid â phoeni.'

Cymerodd ddeng munud arall i'r car wthio ei ffordd o'r goedwig. Roeddent ar gwr y ddinas yn awr.

'I'r dde fan acw,' rhoddodd Cai gyfarwyddiadau i'w gyfaill. 'Y fflatiau uchel acw wrth y sinema sydd wedi cau. Fan acw mae Solano yn byw.'

'Y fflat uchaf o'r cwbl mae'n siŵr,' gwenodd Bryn wrth iddo weld y tŵr uchel o fflatiau yn ymestyn uwch ei ben.

'Mae yna lifft i fynd â ni i fyny. Paid â grwgnach,' ebe Cai.

Brysiodd y ddau o'r car ac i gyntedd y tŵr fflatiau. Roedd lifft ar ei ffordd i lawr. Wrth iddi aros agorodd y drws yn sydyn a rhuthrodd gŵr ifanc cydnerth allan ohoni. Edrychodd gyda braw ar y ddau oedd yn disgwyl ac yna i ffwrdd ag ef i lawr y grisiau tua'r stryd, ddwy ris ar y tro, a diflannu i'r tywyllwch.

Edrychodd Bryn ar ei ôl am eiliad ac yna cododd ei ysgwyddau a chamodd i mewn i'r lifft gan dynnu Cai ar ei ôl.

'Pobl ryfedd hyd y lle yma,' gwenodd.

Yna roedd y lifft yn suo'n isel wrth eu cario i ben uchaf yr adeilad.

'Dyma ni, rhif 126,' ebe Cai wedi iddynt gyrraedd drws fflat Solano.

Ond yna'n sydyn diflannodd pob diferyn o waed o'i wyneb a gwasgodd fraich Bryn Llyfnwy yn dynn.

'Be yn enw . . .?' dechreuodd y golwr a'i wyneb fel y galchen.

Yn gorwedd o flaen drws fflat Solano roedd ceiliog gwyn mawr, ei ben ar goll a llyn bychan o waed ar y carped llwyd.

'*Voodoo*,' ebe Bryn a'i lais yn gryg. 'Rydw i wedi darllen am hyn.'

Fe wyddai Cai Jones am *voodoo* hefyd. Pobl yn addoli'r diafol ac yn aberthu anifeiliaid ac adar yn eu gwasanaethau.

'Tyrd, brysia,' clywodd lais Bryn yn galw arno. 'Does yna ddim lle i ni fan hyn, Cai.'

Gadawodd Cai iddo ei hebrwng yn ôl i'r lifft. Roedd ei law yn crynu fel deilen wrth iddo chwilio am y botwm i fynd â hwy i'r gwaelod.

'*Voodoo*,' ebe Bryn eto. 'Mae'n rhemp yn y rhan yma o'r byd. Addoli'r diafol a gwrachod. Pobl yn cael eu hanfon i swyngwsg gan fiwsig a chyffuriau nes eu bod yn fodlon gwneud unrhyw beth. Sôn am ysbrydion yn y nos a chodi pobl o'r bedd. Maen nhw'n codi ofn ar bobl ac yn eu cadw dan reolaeth gyda'u *voodoo* felltith.'

Fe wyddai'r ddau fod llawer ohono yn digwydd yn Ne America ac yn ynysoedd y Caribî a hynny am fod y brodorion mor ofnadwy o ofnus ac ofergoelus. Hawdd iawn i ddynion drwg gael y bobl i wneud unrhyw beth a fynnont drwy eu dychryn.

'Dydi'r ceiliog yna yn ddim,' ochneidiodd Cai. 'Mae sôn eu bod nhw yn aberthu plant a phobl i'w duwiau dieflig. Dyna felltith fwyaf y gwledydd yma, *voodoo*.'

Roedd y lifft wedi cyrraedd y gwaelod yn awr ond wrth iddynt gamu ohoni edrychodd Cai Jones i fyny yn anesmwyth ddigon.

'Feddyliais i erioed y byddai Solano yn ymhel â'r fath beth,' meddai. 'Dydi o ddim yn gwneud synnwyr.'

'Ond mae pawb yn ofnus ac ofergoelus yn y lle yma, Cai.' Ceisiodd y llall ymresymu ag ef. 'Maen nhw i gyd yn ymhel â *voodoo*. Mae plant ysgol hyd yn oed yn . . .'

'Rydw i'n mynd yn ôl,' ebe Cai ar ei draws yn chwyrn. 'Mae rhywbeth mawr o'i le, Bryn. Fedri di ddim gweld?'

'Hei, aros, dwyt ti ddim yn mynd ar dy ben dy hun, ngwas i,' gwaeddodd Bryn Llyfnwy gan neidio i'r lifft ar ei ôl.

'Brysia, brysia,' curodd Cai Jones bared y lifft yn ddiamynedd wrth iddynt ddringo unwaith eto. Gwthiodd y drws o'i ffordd a chamodd tuag at ddrws fflat Solano wedi iddynt gyrraedd pen eu siwrnai gan roi cic i'r ceiliog marw oddi ar ei ffordd.

Roedd y drws yn gilagored.

'Solano,' gwaeddodd Cai gan guro arno. 'Solano, wyt ti yna?'

Nid oedd sŵn yn unman ond meddyliodd iddo weld drws yn cilagor ym mhen draw'r rhodfa ac yna'n cau'n sydyn.

'Solano,' gwaeddodd Cai eto. Yna gwthiodd y drws yn llydan-agored.

'Bydd ofalus,' siarsiodd Bryn ef.

Aeth y ddau i'r ystafell yn araf. Tynnodd Cai Jones ei anadl i mewn yn swnllyd pan welodd y llanast. Roedd yr ystafell yn chwalfa, pob dodrefnyn wedi ei daflu yma ac acw, y lamp drydan yn y gornel yn ddau ddarn, a'r drych fu ar y wal yn deilchion ar y llawr.

'Gwaed,' meddai Bryn Llyfnwy gan roi ei fys ar y darn tywyll oedd ar gefn un o'r cadeiriau esmwyth. 'Be' ar y ddaear sydd wedi digwydd?'

Ysgwyd ei ben yn araf wnaeth Cai Jones.

'Wn i ddim, Bryn,' meddai'n ddwys toc. 'Ond mae andros o sgarmes wedi bod yma. Nid ar chwarae bach yr aeth Solano oddi yma.'

'Ei gipio,' cododd llais y llall yn groch. 'Wyt ti'n meddwl fod rhywun wedi ei gipio?'

'Be' arall? Mae ôl ymladd caled yma. Mae rhywun neu rywrai wedi ei gipio, siŵr i ti.'

'Ond,' ychwanegodd, gan wenu, 'wnaethon nhw mo hynny ar chwarae bach.'

'Polîs,' ebe Bryn yn sydyn. 'Rhaid i ni alw'r polîs. Cipio dyn heb reswm o gwbl.'

'Aros eiliad,' ebe Cai yn bwyllog. Edrychodd ar hyd y rhodfa hir. Yna aeth i gnocio'n ysgafn wrth un o'r drysau, yr agosaf i fflat Solano.

Curo eto a disgwyl. Yna agorodd y drws rhyw hanner modfedd ac roedd wyneb croenddu yn syllu arno drwy'r agen fain.

'Ie?' gofynnodd yn swta.

'Fy ffrind o'r fflat drws nesaf . . .' dechreuodd Cai Jones ond yna gwelodd y llygaid ofnus yn syrthio ar y ceiliog marw.

'Welais i ddim byd,' meddai a chryndod yn ei lais.

'Ond, fe glywsoch y sŵn . . .' dechreuodd Cai, ond caewyd y drws yn glep yn ei wyneb ac roedd sŵn y barrau yn cau yn dweud wrtho na fyddai'n agor iddo wedyn.

'*Voodoo?*' gofynnodd Cai.

'*Voodoo* yn sicr i ti,' ebe Bryn yn araf. 'Maen nhw wedi eu dychryn yn arw, Cai. Chei di ddim cymorth fan hyn. Mi fydd y drysau yma yn aros ynghau i ti. Mae gormod o ofn siarad arnyn nhw. Waeth i ni fynd oddi yma ddim.'

Ifanc oedd y plismon a eisteddai wrth y ddesg yn yr orsaf pan frysiodd y ddau tuag ato yn hwyr y noson honno. Roedd golwg fel pe bai'n hanner cysgu arno wrth i Cai sefyll o'i flaen ac egluro pam yr oedd yno.

Cododd y plismon ar ei draed toc a golwg wedi diflasu yn lân arno.

'Eich enw,' cyfarthodd. 'Yma ar wyliau?'

Eglurodd Cai a chwarddodd y plismon.

'Eich llofnod,' meddai gan ymwthio darn o bapur o flaen Cai. 'Rydan ni'n addoli pêl-droedwyr fan hyn.'

Gwylltiodd Cai Jones yn gacwn ulw. Gwasgodd y darn papur yn belen fechan a'i daflu i'r fasged yng nghornel yr ystafell.

'Mae fy ffrind i ar goll,' meddai gan bwysleisio pob gair. 'Mae o wedi ei gipio gan addolwyr y diafol. Fedri di ddim deall, y penci? Mae pobl y *voodoo* yna wedi ei gipio ac mae o mewn perygl enbyd.'

Ni ddywedodd y plismon ifanc air am ychydig a chredai Cai Jones iddo weld y mymryn lleiaf o ofn yn dod i'r llygaid mawrion. Aeth yn ôl i eistedd wrth ei ddesg a dechreuodd chwarae â phensil gan ei thaflu o un llaw i'r llall, yn ôl ac ymlaen. Nid oedd sŵn yn unman ond sŵn y cloc yn tician ar y wal o'r tu ôl iddo a sŵn cricedyn yn canu rywle allan yn y nos.

'*Voodoo* aie?' meddai toc a'i wyneb yn chwyrn. 'Wyddoch chi, gyfeillion, mai pobl fel chi, o wledydd sydd yn ddigon pell, sy'n gwneud yr holl storïau am y *voodoo* yma. Does yna ddim o'r fath beth yn y wlad yma. Chi a'ch tebyg sydd yn creu storïau fel yna.'

'Ond mae dyn ar goll. Am be aflwydd . . .' gwaeddodd Cai yn ei wyneb.

Cododd y plismon ei law i'w atal.

'Rydach chi wedi dweud hynny wrtha i'n barod,' meddai'n sarrug. 'Fe wnawn ni ein gorau i chwilio amdano. Gadewch ei enw a'i gyfeiriad os gwelwch yn dda.'

'Ac yn y cyfamser,' ychwanegodd gan godi ar ei draed a'u harwain tua'r drws i ddangos fod y cyfweliad ar ben, 'fe fyddwn i yn eich annog i beidio ag ymyrryd mewn pethau nad oes gennych y syniad lleiaf amdanynt.'

Roedd gwaed Cai Jones yn berwi wrth iddo gerdded gyda'r golwr at y car.

'Y lwmp diog iddo fo,' meddai rhwng ei ddannedd. 'Dim *voodoo* yn y wlad yma? Ymhle ar y ddaear mae o wedi bod yn cysgu?'

'Ond aros di, gyfaill,' ychwanegodd gan amneidio at swyddfa'r polîs. 'Rydw i yn adnabod dy bennaeth di. Cawn weld beth fydd ganddo ef i'w ddweud am y peth.'

Yna cychwynnodd Bryn y car ac i ffwrdd â hwy i'r nos unwaith eto, eu meddyliau yn un gymysgfa a Chai Jones eisoes wedi anghofio popeth am yr anaf a gafodd i'w ben y prynhawn hwnnw.

Pennod 4

Bore trannoeth roedd gwahoddiad i'r tîm ymweld â chartref Eurico Lopez. Nid oedd Cai yn edrych ymlaen. Cafodd noson ddi-gwsg. Drwy'r nos bu'n troi ac yn trosi a digwyddiadau'r dydd yn fflachio drwy ei feddwl fel lluniau hunllef. Gwawriodd y bore yn llwyd a thrwm. Roedd storm ar y ffordd a'r holl awyr fel pe'n pwyso ar ddyn, y chwys yn rhedeg yn ffrydiau ar y symudiad lleiaf. Aeth Cai Jones am gawod oer ond cyn gynted â'i fod ohoni roedd y chwys yn diferu ohono eto.

Tu allan roedd yr awyr yn llwyd, yn felfedaidd o ddu ar y gorwel pell ac ambell fellten las yn cracio'r awyr yn y pellter. Roedd dail y palmwydd yn hollol lonydd a dim chwa o awel o'r môr.

'Mae'n llethol,' meddai wrth Bryn Llyfnwy wrth iddynt gerdded i lawr y grisiau tua drws y gwesty. Wedi cyrraedd yr awyr iach teimlai'r ddau fel pe baent yn cerdded i mewn i ffwrn. Nid oedd y mymryn lleiaf o awel yn unman ac roedd sŵn taranau ymhell rywle yn y môr.

Roedd gweddill y tîm yno yn eu disgwyl ym mws moethus y Mellt. Taith hanner awr oedd hi i'r Fila Lopez, plasty moethus na welodd y bechgyn o Gymru ei debyg erioed. Safai ar ben bryn a godai o ganol y goedwig. Marmor gwyn oedd ei ddefnydd a'r pwll nofio yn yr ardd yn lasach na'r môr. Oddi yma medrent weld pen pella'r goedwig a'r môr yn disgleirio o'u cwmpas.

'Dydi hwn ddim yn brin o geiniog neu ddwy,' chwarddodd yr hyfforddwr wrth iddynt ddilyn un o'r gweision drwy'r gerddi llawn lliw ac anelu am y tŷ. Yno ar ben y grisiau yn eu disgwyl roedd pedair o forynion, pob un yn cario hambwrdd yn llawn o wydrau gwin.

O flaen y merched safai'r cawr mwyaf a welodd Cai Jones erioed. Roedd golwr y Mellt yn gawr o ddyn ond wrth ymyl hwn safai Bryn Llyfnwy fel plentyn ysgol. Safai'r creadur beth bynnag saith troedfedd o daldra, ei ysgwyddau llydain fel dwy wal gerrig, y dwylo oedd yn hongian wrth ei ochr fel dorau melin a'r pen heb yr un blewyn o wallt arno yn ddigon praff i daro unrhyw ddrws i lawr.

'Croeso i'r Fila Lopez, gyfeillion,' meddai a'i lais dwfn fel taran yn gweddu i weddill ei gorff i'r dim. 'Jano ydw i,' eglurodd gan wenu ar y dorf fechan o'i flaen. 'Fi sy'n edrych ar ôl Mr. Lopez. Yn anffodus ni fedr Mr. Lopez fod yma i'ch disgwyl. Mae o mewn rhan arall o'r ddinas yn agor ysbyty newydd y mae wedi ei hadeiladu i blant y brodorion. Dyna i chi Mr. Lopez i'r dim. Fodd bynnag, croeso i'r Fila Lopez eto. Croeso i chi wneud fel y mynnoch, a mynd lle mynnoch, gyfeillion. Mae pwll nofio yma, ystafelloedd snwcer, digonedd o fwyd ar y bwrdd yn y lolfa ac os oes angen diod arnoch chi does raid i chwi ddim galw un o'r morynion.'

'Yn anffodus,' ychwanegodd gan wenu, 'does dim

cae pêl-droed yma. Ond efallai y bydd yn dda gennych chi gael ymlacio o'ch gwaith am heddiw.'

Yna diflannodd i gefn y tŷ gan eu gadael yno fel plant yn edrych ar ei gilydd a heb wybod ble i droi.

'Clywsoch be' ddywedodd y dyn,' gwenodd y rheolwr toc. 'Mae rhwydd hynt i ni fynd rywle yn y tŷ. Mae digon o bethau i'w gwneud yma. Rydw i'n meddwl yr a' i am y lolfa yna i weld pa ddanteithion sydd ar y bwrdd.'

Cymerodd un o'r gwydrau oddi ar hambwrdd a brysiodd drwy'r drws, un neu ddau o'r lleill wrth ei gwt. Aeth Cai Jones a Bryn allan tuag at y pwll nofio ac eistedd yno wrth ei ochr i chwilio am rywfaint o awel. Roedd y storm yn nesáu yn awr, yr awyr fel huddygl a dwndwr taran yn ddi-baid yn y pellter.

'Mae am andros o storm,' ebe'r golwr.

Ochneidiodd Cai Jones a syllodd i gyfeiriad y tŷ.

'Dydw i ddim yn trystio'r Lopez yna,' meddai'n ddistaw. 'Mae o fel sarff ac mae'r babŵn yna sy'n ei warchod yn un peryglus petaet ti'n gofyn i mi.'

Cyn hir aeth y ddau yn ôl at y tŷ a rhyfeddu at y moethusrwydd oedd o'u hamgylch ymhob man. Gwelodd Cai risiau yn arwain i lawr i seler dan y tŷ a dringodd i lawr yn ofalus, Bryn yn ei wylio. Ar waelod y grisiau roedd drws praff o dderw yn arwain i'r seler. Ceisiodd Cai ei agor ond roedd dan glo.

'Roeddwn i'n meddwl ein bod yn cael mynd i rywle yn y tŷ,' meddai'n sbeitlyd.

Yna plygodd i lawr a chodi rhywbeth oddi ar y cerrig. Prin ei fod wedi codi i'w lawn hyd nad oedd cysgod uwch ei ben.

Ar ben y grisiau safai'r cawr, Jano. Roedd wedi gwthio Bryn o'i ôl oddi ar y ffordd.

'Mae'r fan yma yn breifat, gyfaill,' rhuodd, a digon o fygythiad yn ei lais i wneud i wallt Cai Jones sefyll fel pigau draenog ar ei war.

'Wyt ti'n chwilio am rywbeth arbennig?' gofynnodd wrth i Cai sefyll yn fud o'i flaen.

Cododd Cai ei ysgwyddau ac edrychodd ar y llawr o'i flaen wrth ei chychwyn hi i fyny'r grisiau.

'Dim byd,' meddai, 'ond chi ddywedodd fod rhwydd hynt i ni fynd i rywle yn y tŷ.'

Roedd y wên ar wyneb y llall yn ddigon i godi ofn ar y dewraf.

'Wnes i ddim sôn am y seler,' meddai rhwng ei ddannedd. 'I fyny, brysia.'

Dilynodd hwy yn ôl i'r lolfa. Eisteddodd Cai a'r golwr ar soffa hir gan edrych ar y pentwr bwyd oedd ar y bwrdd, yr un o'r ddau yn teimlo fel bwyta tamaid. Arhosodd y llall i'w gwylio am ychydig ac yna diflannodd unwaith eto.

Aeth Cai at un o'r merched oedd yn gweini wrth y bwrdd. Ar y dechrau roedd hi'n swil dros ben ond wrth iddi sylweddoli ei bod yn cael sgwrs â phêl-droediwr mor enwog â Chai Jones aeth yn fwy hyderus. Gwahoddodd Cai hi i eistedd i lawr ar y soffa wrth ei ochr. Edrychodd hithau'n ofnus tua'r drws ar ôl y cawr am eiliad ac yna eisteddodd.

'Rwyt ti'n hoffi pêl-droed felly,' ebe Cai yn slei.

'Wrth gwrs, mae pawb yn hoffi pêl-droed yn Puerto Negro,' gwenodd hithau.

'A Solano yn arwr mawr i ti debyg, fel ag i bob merch ifanc arall?'

Edrychodd y ferch yn swil arno eto ac yna trodd ei llygaid at y llawr.

'Mae Solano yn un o chwaraewyr gorau'r byd,' meddai yn araf a phendant.'

'Fydd o yn dod yma yn aml?'

'Solano yn dod yma?' ebe hithau mewn syndod. 'Na fydd. Welais i erioed mohono yma.'

'Ond mae Mr. Lopez mor hoff o bêl-droed,' ebe Cai. 'Roeddwn i'n meddwl y byddai . . .'

'Mr. Lopez sy'n rhedeg pêl-droed yn Puerto Negro,' ebe hithau ar ei draws. 'Ef biau'r tîm ac ef adeiladodd y stadiwm. Ond fydd o byth yn cymysgu pleser â busnes. Ar y cae y mae lle'r tîm pêl-droed, yn ei eiriau ef. Dim ond timau o wledydd eraill fel chi sydd yn cael dod yma.'

'A fu Solano ddim yma o gwbl?'

'Naddo.'

'Rwyt ti'n berffaith siŵr?'

'Ydw.' Roedd y ferch yn dechrau anesmwytho a gwnaeth osgo i godi. Ond gafaelodd Cai yn ei braich yn dynn. Daeth taran sydyn i glecian yn y nenfwd a neidiodd y ferch mewn braw.

'Dim ond taran oedd yna,' gwenodd Cai. 'Welaist ti erioed storm o'r blaen?'

'Ond mae melltith . . .' dechreuodd hithau. Yna edrychodd heibio ysgwydd Cai a llanwodd ei llygaid ag ofn eto. Cododd ar ei thraed yn sydyn a brysiodd yn ôl at y bwrdd. Trodd Cai Jones i wynebu'r drws.

Roedd Jano a Phennaeth y Polîs yn sefyll yno ac Eurico Lopez ei hun rhwng y ddau.

Edrychodd Lopez yn chwyrn ar y ferch am un eiliad fer, tynnodd y gôt oddi ar ei ysgwyddau a'i thaflu ar gadair yn y gornel. Yna rhoddodd dân wrth dorpido o sigâr a phan oedd cymylau gleision o fwg yn hofran uwch ei ben brysiodd at Cai a Bryn Llyfnwy.

'Yr enwog Cai Jones unwaith eto,' meddai, gan wneud lle i Bennaeth y Polîs wrth ei ochr. 'Y pen yn well gobeithio?'

Curodd ei ddwylo am un o'r merched a brysiodd hithau at ei ochr a hambwrdd yn llawn o wydrau gwin yn ei dwylo. Cymerodd Lopez un a chynigiodd beth i'r lleill.

'Amser yn brin, gyfeillion,' eglurodd. 'Mae'n ddrwg gen i na fedrwn i fod yma i'ch disgwyl chi. Rhywbeth i'w wneud yn feunyddiol.'

Arhosodd am eiliad ac edrych o un i'r llall fel pe bai yn disgwyl i un ohonynt ei ganmol. Ond ni ddywedodd neb air.

'Edrych ar eich holau chi yn iawn gobeithio?' holodd Lopez toc. 'Digon i'w fwyta? Digon i'w yfed?'

Gwenodd Cai mewn ateb er nad oedd yn teimlo fel gwenu o gwbl.

'Perffaith,' ebe Lopez.

'Solano?' ebe Cai Jones toc. 'Ble mae Solano?'

Syllodd Lopez yn graff arno am ychydig gan dynnu ar y sigâr a'r mwg yn byrlymu o'i geg fel o gorn simdde.

'Mae o wedi diflannu . . . roeddwn i'n clywed y bore yma,' meddai yn hollol ddidaro. Ysgydwodd ei ben yn araf a chodi ei ysgwyddau. 'Rydach chi'n gwybod hefyd? Mae newyddion yn crwydro'n gyflym rwy'n gweld.'

Credai Cai iddo glywed tinc o ddicter yn y llais. Dicter am i Solano ddiflannu ynteu dicter am fod Cai wedi cael gwybod? Ni wyddai yn iawn.

'Wyddoch chi ble mae o?' gofynnodd yn sydyn.

'Fi? Pam y dylwn i wybod?' oedd cwestiwn parod Lopez. Curodd ei ddwylo yn ddiamynedd eto i ddangos i'r ferch fod angen diod arall arno a brysiodd hithau tuag ato.

'Mae o yn gweithio i chi,' ebe Cai Jones. 'Rydach chi yn gwybod am bopeth sy'n digwydd yn y lle yma meddan nhw a . . .'

Gwyddai iddo ddweud y peth anghywir pan fflachiodd llygaid y llall. Camodd Jano yn nes atynt ond amneidiodd Lopez arno i gilio. Teimlodd Cai y gwrid yn codi i'w wyneb wrth iddo weld dannedd gwynion Lopez yn cnoi blaen y sigâr.

'Dydi'r ffaith fy mod i yn talu iddo ddim yn dweud mai fi sy'n edrych ar ei ôl,' cyfarthodd Lopez toc. 'Mae ganddo berffaith hawl i wneud fel a fynno, ac os ydi Solano yn teimlo fel gadael cartref, pwy ydw i i'w atal?'

Yna cododd ar ei draed yn swta.

'Mwynhewch eich hunain, gyfeillion,' gwenodd yn ffals ac, wedi taflu'r gôt tros ei ysgwydd, i ffwrdd ag ef fel mellten drwy'r drws a Jano yn dynn wrth ei gwt fel ci bach tu ôl i'w feistr.

Ysgydwodd Pennaeth y Polîs ei ben wrth ei wylio yn mynd. Hyd yn hyn bu'n hollol ddistaw.

'Ddylech chi ddim bod wedi dweud hynna wrtho, gyfaill,' meddai. 'Dydi Mr. Lopez ddim yn ddyn i chwarae ag ef.'

'Ond ddywedais i ddim ond . . .' dechreuodd Cai Jones brotestio yn wyllt.

'Roeddech chi bron iawn â dweud wrtho fod a wnelo ef rywbeth â diflaniad y pêl-droediwr yna,' ebe'r plismon ar ei draws a chweryl yn ei lais. 'Dydi Mr. Lopez ddim yn un i roi bai arno.'

'Ond mae rhywbeth mawr wedi digwydd iddo,' ebe Cai gan ymbil ar y llall. 'Mae Solano wedi ei gipio yn groes i'w ewyllys. Mae rhywun wedi bod yn ymarfer *voodoo* yn ei fflat neithiwr. Rhaid i chi fy nghredu i. Fe fûm i yn y swyddfa a doedd gan y plismon ifanc oedd yno fawr iawn o ddiddordeb.'

Roedd hanner gwên yn chwarae yng nghil llygaid y pennaeth wrth iddo wrando arno.

'Voodoo,' meddai. 'Mae gormod o sôn am *voodoo* gennych chi, y bobl ddŵad. Chlywch chi byth mo'r brodorion yn sôn am y peth.'

'Fyddan nhw byth yn sôn am y peth am fod arnyn nhw ormod o ofn,' ebe Cai ar ei draws yn eofn. 'Rydach chi yn Bennaeth y Polîs ac fe wyddoch chi yn iawn beth sydd yn digwydd.'

Cododd y plismon ac aeth i sefyll wrth y ffenest lydan gan guro ei ffon fach yn ei law. Roedd y glaw yn genlli yn awr, yn syrthio fel llenni dros y ffenest a sŵn y taranau yn fyddarol. Gwyliodd y dilyw am ychydig cyn troi i wynebu Cai Jones unwaith eto.

'Na, dydw i ddim yn gwybod beth sydd yn

digwydd, gyfaill,' meddai. 'Ond efallai ei bod hi yn ddyletswydd arna i i ddarganfod hynny.'

Teimlai Cai yn well yn awr.

'Ac mae a wnelo'r cnaf Lopez yna rywbeth â'r busnes,' meddai yn ddistaw. 'Petaech chi yn cychwyn chwilio am Solano yn y tŷ yma efallai y byddech yn darganfod mwy nag a feddyliech chi.'

Cododd aeliau'r pennaeth mewn syndod. Yna edrychodd tua'r nenfwd fel pe bai'n meddwl yn ddwys. Tynnodd lyfr bychan o'i boced a dechrau ysgrifennu ynddo. Yna, wedi ei gau a'i roi yn ôl yn ei boced, chwiliodd am ei gap cyn mynd drwy'r drws.

'Fy nghar i os gwelwch yn dda,' meddai wrth un o'r morynion a brysiodd hithau allan i'r ddrycin.

Yn y drws trodd y pennaeth i edrych ar Cai Jones.

'Diolch i chi am eich cymorth,' gwenodd yn ddigon oeraidd. 'Efallai y cawn gyfarfod eto yn fuan.'

Wedi iddo fynd o'r golwg agorodd Bryn Llyfnwy ei geg am y tro cyntaf.

'Roeddet ti yn gofyn am drwbwl, Cai,' meddai. 'Yn enw popeth cymer ofal. Nid gartref rwyt ti rŵan, cofia. Rwyt ti'n chwarae efo tân.'

Synfyfyriodd Cai Jones drwy'r ffenest gan wylio'r glaw yn sboncio ar wyneb y pwll nofio.

'Cawn weld beth fydd yn digwydd wedi i'r polîs fynd ar eu trywydd,' meddai. 'Mae'n amser i ti ddechrau chwysu, Eurico Lopez.'

'Cai, Cai,' ceisiodd y llall ymresymu ag ef. 'Rwyt ti yn llawer rhy fyrbwyll. Pa dystiolaeth sydd gen ti fod a wnelo Mr. Lopez unrhyw beth â'r busnes cipio yma. Efallai fod y creadur yn hollol . . .'

'Hwn,' ebe Cai Jones yn araf wedi sicrhau nad oedd neb o'r morynion yn ei wylio. Tynnodd loced fechan ar siâp calon o'i boced.

'Roedd hon yn hongian wrth wddf Solano ddoe,' meddai.

Cymerodd y golwr hi oddi arno ac aeth â hi at y ffenest a'i hastudio yn fanwl.

'Ble cefaist ti hi?' gofynnodd gan roi'r loced yn ôl i Cai Jones yn ofalus.

Edrychodd yntau o'i gwmpas eto cyn ateb.

'Wrth ddrws y seler yna gynnau,' meddai'n ddwys. 'Roedd hi'n gorwedd ar y llawr yno. Nawr wyt ti yn fy nghoelio i, Bryn?'

Pennod 5

Wedi i'r Mellt gyrraedd y gwesty y noson honno roedd y storm yn ei hanterth a'r holl adeilad yn crynu i sŵn y taranau, y mellt yn las diddiwedd yn rhwygo düwch y nos a goleuo'r wlad fel canol dydd a'r glaw yn curo'n ddidrugaredd.

Eisteddai Cai Jones wrth ffenest ei ystafell, y golau wedi ei ddiffodd a'r llenni wedi eu hagor. Gwyliai'r storm oddi allan ac er na chysgodd fawr y noswaith cynt nid oedd cwsg yn agos y noson hon ychwaith. Âi digwyddiadau'r ddau ddiwrnod cynt rownd a rownd yn ei ben ac ni fedrai yn ei fyw wneud pen na chynffon o ddim bellach.

Clywodd y drws yn agor o'i ôl a rhywun yn pwyso swits y golau. Ffrydiodd golau disglair i'r ystafell a throdd Cai yn ei sedd.

'Synfyfyrio ynte cysgu wyt ti?' Safai Bryn Llyfnwy wrth y drws gyda bwndel o bapurau newydd yn ei law.

Gwenodd Cai arno ond ni ddywedodd air.

'Meddwl y byddet ti'n hoffi gweld y rhain,' taflodd y golwr y pentwr papurau ar y gadair gan ddal ei afael yn un ohonynt a mynd i sefyll wrth ochr Cai.

'Papurau heno ydyn nhw,' eglurodd. 'Eu gweld nhw yn bentwr yn y lolfa wnes i.'

Cymerodd Cai Jones y papur oddi arno. Roedd y stori ar draws y dudalen flaen.

'Esgyrn y Diafol,' meddai. 'Y rhain gafodd eu dwyn ddoe.'

'Gwerth miloedd o bunnoedd o aur,' ebe Bryn wrth i Cai ddarllen y stori. Esgyrn y Diafol, enw ar freichledau o aur pur. Ŵyr neb faint yw eu hoed ond credir iddynt berthyn i frenhinoedd yr Aifft ar un adeg. Ŵyr neb eu gwerth ychwaith ond mae'r aur yn werth miloedd. Maent wedi eu dwyn o amgueddfa lle buont wedi eu cloi o olwg y cyhoedd ers blynyddoedd.

'Mae lladron ymhob man,' ebe Cai heb lawer iawn o ddiddordeb gan ddechrau plygu'r papur.

'Darllen di ymlaen,' ebe'r llall tros ei ysgwydd. 'Mae pethau mwy diddorol i ddod.'

Agorodd Cai y papur a dechrau darllen eto.

'Am flynyddoedd lawer bu'r Esgyrn yn chwarae rhan bwysig iawn mewn gwasanaethau *voodoo*,' darllenodd. 'Dyna pam y rhoddwyd yr enw Esgyrn y Diafol arnynt. Credir fod melltith arnynt. Y tro diwethaf y symudwyd hwy o'u cuddfan daeth corwynt i chwipio'r ardal, corwynt a barhaodd am dridiau, a laddodd dros gant o bobl ac a ddinistriodd lawer o adeiladau. Yn ôl arbenigwyr *voodoo*, yr unig beth a all atal y felltith yw aberthu bod dynol i'r diafol.'

Edrychodd Cai drwy'r ffenest yn sydyn.

'Dwyt ti ddim yn credu'r lol yna debyg?' gwenodd ei gyfaill.

Cofiodd Cai am y forwyn oedd yn ofni'r storm. Medrai ddeall pam yn awr.

'Diddorol iawn,' meddai. 'Felly mae rhywun yma sydd heb fod ag ofn *voodoo.*'

'Heb fod ag ofn . . .?'

'Fe wyddost mor ofnus ydi'r brodorion yma, Bryn. Wyt ti'n meddwl y byddai un ohonyn nhw yn cyffwrdd yn Esgyrn y Diafol? Byddai gormod o ofn arnyn nhw siŵr.'

Wrth siarad roedd Cai yn troi tudalennau'r papur yn wyllt, ei lygaid yn neidio o un pennawd i'r llall. Safai Bryn Llyfnwy yn ei wylio am ychydig.

'Dydi o ddim yna,' meddai toc wrth i Cai godi'r trydydd papur a dechrau ei chwilio.

'Ddim yma? Am be . . .'

'Am hanes Solano yn diflannu yr wyt ti'n chwilio yntê?' ebe Bryn.

'Ddim yma?' ebe Cai Jones yn wyllt. 'Ond mae'n rhaid ei fod yma.'

'Rydw i wedi bod trwyddyn nhw i gyd, Cai,' ebe'r golwr.

Cododd Cai Jones o'i gadair a cherddodd o amgylch yr ystafell gan grafu ei ben mewn penbleth.

'Ond dydi'r peth ddim yn gwneud synnwyr o gwbl,' meddai. 'Wyt ti'n siŵr nad oes dim yn y papurau?'

'Dim byd o gwbl, Cai.'

Cododd Cai un o'r papurau eto a llygadu drwyddo yn frysiog.

'Dyn wedi colli ci,' meddai gan ddarllen y penawdau, 'dau gar wedi mynd i erbyn ei gilydd a gwraig tŷ wedi ei hanafu. Cai Jones, Capten y Mellt yn mynd o'r cae gydag anaf i'w ben.'

'Ac eto,' meddai gan daflu'r papur i'r llawr. 'Un o bêl-droedwyr mwyaf y byd yn cael ei gipio, efallai wedi ei ladd. Un o arwyr y brodorion, a dim un gair o gwbl amdano. Mae rhywbeth o'i le, Bryn.'

Ysgydwodd Bryn Llyfnwy ei ben yn araf ac aeth i sefyll wrth y ffenest eto i wylio'r storm.

'Wyt ti'n meddwl na chafodd y papurau newydd afael ar y stori?' gofynnodd gan edrych ar ei wats.

'Mae rhywun yn gwrthod iddynt ei chyhoeddi yn ôl pob tebyg,' ebe Cai gydag ochenaid ddofn.

'Wyddost ti pwy ydi perchennog y papurau yma, wel perchennog tri ohonyn nhw beth bynnag?' gofynnodd y golwr.

'Eurico Lopez?'

'Iawn y tro cyntaf,' gwenodd Bryn. 'Ac os nad ydi Mr. Lopez am gael stori i'r papur yna fydd neb yn meiddio cyhoeddi gair ohoni.'

'Ond does dim byd a fedrwn ni ei wneud,' ychwanegodd gan edrych ar ei wats eto.

'Amser gwely rwy'n meddwl,' meddai gan godi'r papurau a mynd drwy'r drws.

Wedi iddo fynd eisteddodd Cai Jones yn hir wrth ffenest ei ystafell, a'r golau wedi ei ddiffodd fel o'r blaen. Diflannodd y storm drofannol yr un mor sydyn ag y dechreuodd. Cyn hir roedd lleuad o aur melyn yn torri llwybr o dân ar draws wyneb y môr, y sêr yn wincio yn y melfed uwchben a'r dŵr yn diferu o ddail y coed palmwydd hyd lan y môr. Er mor boenus y teimlai Cai aeth cwsg yn drech nag ef toc. Ymgripiodd i'w wely a gorwedd yno yn syllu ar y nenfwd am ychydig cyn syrthio i gwsg anesmwyth.

Roedd hi'n ddau o'r gloch y bore pan ddeffrôdd yn sydyn. Cododd ar ei eistedd yn y gwely a syllu i'r gwyll, ei galon yn curo'n uchel yn ei wddf, chwys oer yn llifo i lawr ei gefn. Teimlai fod rhywun yn yr ystafell. Roedd rhywun wedi ei ddeffro. Taflai'r lleuad lafn o olau melyn i'r ystafell.

'Pwy sy' yna?' gofynnodd Cai ac eco ei lais ei hun yn codi arswyd arno.

Craffu i'r corneli tywyll eto, a'i galon yn ei wddf ond ni fedrai weld dim o'i le yn unman. Cafodd nerth o rywle i godi'n araf. Cododd ei draed tros yr erchwyn yn ofalus. Safodd.

'Oes rhywun . . .' dechreuodd wedyn.

Ond daeth cysgod du o gornel yr ystafell tuag ato. Gwyrodd Cai ei ben yn reddfol wrth iddo weld golau'r lloer yn disgleirio ar lafn hir y gyllell yn llaw'r gŵr. Daliodd ei droed allan wrth i'r cysgod wibio heibio iddo. Daeth ebychiad sydyn o geg y gŵr wrth iddo syrthio ar y gwely. Trodd Cai Jones i'w wynebu ond roedd y llall yn gyflymach. Cododd fel mellten, ei law yn uchel uwch ei ben yn barod i daro. Gwelodd Cai ef yn dod eto a neidiodd am ei arddwrn.

Roedd y creadur fel llysywen yn llithro o'i afael. Syrthiodd Cai yn ôl ar y gwely a neidiodd y llall i eistedd ar ei fron, y gyllell uwch ei ben. Er ei fod yn fain fel brwynen roedd y gŵr yn gryf. Rhedai'r chwys yn drochion i lawr wyneb Cai Jones wrth iddo geisio atal y gyllell rhag plannu iddo. Roedd ei blaen miniog ychydig fodfeddi oddi wrth ei wddf yn awr. Yna daeth nerth iddo o rywle. Gwthiodd yn erbyn y gŵr, gwyrodd ei ben i'r dde a diflannodd y gyllell i'r gobennydd. Ymwthiodd Cai â'i holl egni. Syrthiodd ei elyn yn bendramwnwgl i'r llawr. Neidiodd Cai arno a rhoddodd ei arddwrn am ei wddf a thynnu ei ben yn ôl yn galed.

'Pwy wyt ti'n cnaf?' gwaeddodd yn groch. 'Pwy sydd wedi dy anfon di?'

Yr eiliad nesaf trawodd y gŵr ef yn ei stumog â'i benelin. Griddfanodd Cai mewn poen enbyd. Cododd y llall fel fflach o olau. Gorweddodd Cai yn ôl ar y llawr. Gwelodd y llafn yn dod amdano eto a chododd ei ddwy droed gyda'i gilydd. Ciciodd yn galed. Aeth pob mymryn o wynt allan o ysgyfaint y llall wrth i draed Cai gysylltu â'i fynwes. Roedd Cai ar ei draed mewn chwinciad. Rhedodd i gornel yr ystafell a chododd gadair drom.

'Tyrd yn dy flaen, y llabwst,' heriodd wrth i'r llall gerdded mewn cylch o'i amgylch fel llewpart yn cylchynnu ei brae, y gyllell yn dal i ddisgleirio yn ei law.

Gwthiodd hi i gyfeiriad y pêl-droediwr eto ond roedd Cai yn barod amdano yn awr. Daeth y gadair i lawr ar arddwrn y gŵr. Daeth bloedd o'i enau wrth iddo ollwng y gyllell o'i law a neidio o'r ffordd. Ni phetrusodd Cai eiliad. Cododd y gadair eto ac wrth i'r llall godi i'w wynebu daeth â hi i lawr ar ei goes. Daeth sgrech uchel o boen y tro yma a rowliodd y gŵr ar y llawr gan wasgu ei goes.

Roedd Cai ar godi'r gadair am y drydedd waith pan glywodd sŵn o'i ôl.

Dau o'r dihirod, meddyliodd gan droi rownd ond cyn iddo fedru symud teimlodd ddarn o bren caled yn disgyn ar ei wegil. Aeth pob man o'i gwmpas yn goch ac yna'n ddu. Teimlodd ei goesau fel pa na baent yn perthyn iddo. Teimlodd ei hun yn siglo ac yna ceisiodd ymestyn am y wal i'w arbed rhag syrthio ond ymhell cyn iddo'i chyrraedd cwympodd i bwll du nad oedd gwaelod o gwbl iddo.

Pan ddaeth ato'i hun roedd ei ben yn curo fel ei galon. Clywodd sŵn car yn cychwyn yn wyllt rywle yn y stryd islaw. Gafaelodd Cai yn erchwyn y gwely a thynnodd ei hun ar ei draed. Roedd y boen yn ei wegil yn annioddefol bron a'i goesau yn bygwth ei adael eto. Ond yna ymdrechodd yn galed i gyrraedd y ffenest.

Yn brysio oddi wrth y gwesty roedd car y polîs ac yng ngolau lampau'r stryd medrai Cai weld dau blismon yn eistedd ynddo, y ddau yn gwyro eu pennau wrth iddynt ei weld yn y ffenest yn eu gwylio.

Pennod 6

Ni ddywedodd Cai air wrth y Mellt fore trannoeth. Dim ond wrth Bryn Llyfnwy. Brysiodd i ystafell y golwr cyn brecwast a byrlymu'r stori iddo.

'Y polîs?' chwarddodd hwnnw. 'Rwyt ti'n dechrau colli arnat dy hun eto, Cai. Atal pobl rhag cael eu curo ydi gwaith yr heddlu, nid gwneud gwaith y drwgweithredwyr drostynt.'

'Rydw i'n berffaith siŵr, Bryn.' Roedd wyneb Cai fel y lludw. 'Fe'i gwelais i nhw â'm llygaid fy hun.'

'Am faint y buost ti ar y llawr yn anymwybodol?'

'Wn i ddim,' ysgydwodd Cai ei ben. 'Ond rydw i'n siŵr mai'r ddau oedd yn y car polîs fu yn fy ystafell i. Mae'n rhaid i ti fy nghredu i, Bryn.'

Gafaelodd ym mreichiau'r golwr a'u gwasgu'n dynn.

'O'r gorau, o'r gorau,' trawodd y llall ef ar ei ysgwydd yn chwareus ddigon. 'Rydw i yn dy goelio di ond pam? Pam yn enw rheswm fod y polîs yn torri i mewn i dy ystafell di ac yn ceisio dy ladd di? A . . .' Arhosodd a bu'n meddwl yn ddwys am ychydig.

'Ddywedaist ti fod yna ddau yn dy ystafell di?' meddai toc.

'Wrth gwrs fod dau ohonyn nhw. Fyddai un byth wedi medru dianc. Rwy'n siŵr fy mod i wedi torri ei goes â'r gadair yna,' gwenodd Cai. 'Roedd o yn griddfan ar y llawr pan ddaeth y llall o'r tu ôl i mi a 'nharo i ar fy ngwegil.'

'Ceisio dy ddychryn di yr oedden nhw, Cai,' ebe Bryn Llyfnwy wedi gwrando arno.

'Ond roedd cyllell yn llaw y cnaf. Roedd o'n ceisio am fy ngwddf i.'

'A phan oeddet ti'n gorwedd yn anymwybodol ar y llawr, beth oedd yn rhwystro'r ddau rhag dy ladd di bryd hynny?' gofynnodd Bryn.

Daeth ennyd hir o ddistawrwydd a Chai Jones yn myfyrio'n ddwys yn awr.

Wnes i ddim meddwl am hynny,' meddai'n gloff. 'Efallai dy fod ti'n iawn. Fe gafodd y ddau ddigon o amser i blannu'r gyllell yna ynof fi.'

'Wrth gwrs fy mod i'n iawn,' gwenodd Bryn. 'Dy ddychryn di roedden nhw,' Yna aeth ei wyneb yn ddwys unwaith eto. Gafaelodd yn ysgwyddau ei ffrind a syllodd i ganol ei lygaid.

'Rwyt ti'n chwarae efo tân, Cai,' meddai'n ddifrifol. 'Rydw i wedi dweud wrthat ti o'r blaen. Yr hen fusnes *voodoo* yma. Rhoi rhybudd i ti i beidio â busnesa mwy yr oedd y ddau yna. Gad lonydd i bethau, wnei di?'

'Ond mae Solano yn un o'm ffrindiau gorau i,' protestiodd Cai. 'Fedra i ddim gadael iddo fo . . .'

'Gad bethau felly i'r polîs,' ymbiliodd y golwr arno. 'Fedri di wneud dim arall.'

Gwylltiodd Cai Jones yn gacwn.

'Gadael pethau i'r heddlu,' gwaeddodd yn wyneb y llall a'i wyneb yn wyn gan ddig. 'Wyt ti'n disgwyl iddyn nhw wneud rhywbeth?'

Wedi brecwast dringodd y Mellt i'r bws moethus a ddisgwyliai amdanynt wrth drws y gwesty. O'u blaenau roedd siwrnai i ben arall y ddinas i chwarae yn erbyn tîm o ysgol fonedd fwyaf y wlad.

'Plant ysgol ar fy enaid i,' llefodd Gwyn Ifans wrth i'r bws gychwyn ar ei daith. 'Chwarae yn erbyn babanod o'r crud y byddwn ni nesaf.'

'Aros di nes y byddi di ar y cae yna,' chwarddodd Huw Pari, yr hyfforddwr. 'Cofia di fod yr ysgol yma yn hel y bechgyn gorau am chwarae pêl-droed hyd ysgolion y wlad yma. Mae sgowtiaid allan yn chwilio am fechgyn addawol a hwythau ddim ond tua wyth oed. Tlawd neu gyfoethog, maen nhw'n cael lle yn yr ysgol fonedd yna, a phlant ysgol neu beidio, dydyn nhw fawr ieuengach na thi erbyn hyn cofia. A fyddwn i ddim yn meddwl eu bod yn hawdd i'w curo.'

Fe siaradodd y perffaith wir. Pan redodd y Mellt i'r cae y prynhawn hwnnw roedd y tîm a ddisgwyliai amdanynt, er yn dîm ysgol, yn dîm o bêl-droedwyr proffesiynol iawn, chwaraewyr na fyddai rhai o dimau gorau'r wlad ddim yn eu gwrthod ar chwarae bach.

Rhedodd Cai Jones heibio i bwtyn bychan pen cyrliog na fedrai fod yn hŷn nag un ar bymtheg oed. Yr eiliad nesaf cafodd ei hun yn sgubo'r llawr wedi i'r llall roi hergwd iddo a dwyn y bêl oddi arno. Roedd hi yn awr yn saff wrth draed y pen cyrliog wrth iddo ef ac eraill o'i dîm rasio ar hyd y cae i gyfeiriad gôl y Mellt.

'Plant ysgol?' ebychodd Cai dan ei wynt gan godi ei

hun ar ei draed a brysio i ganol y frwydr. Rhedodd at y pen cyrliog wrth weld y bêl yn ei gyrraedd eto. Roedd Cai yn ei wynebu yn awr. Trawodd flaen ei droed i gyfeiriad y bêl ond ciciodd y llall hi yn ei hôl yn ddeheuig. Roedd un arall o'i dîm yn disgwyl amdani. Cic fel mul i'r bêl a gwyrodd Cai ei ben o'r ffordd wrth iddi saethu tua chornel y rhwyd. Yna ochneidiodd mewn rhyddhad wrth i Bryn Llyfnwy gael blaen ei fysedd iddi a'i throi dros y postyn am gic gornel.

'Mae'r rhain yn fechgyn i'w gwylio,' siarsiodd Cai ei ddynion yn yr ystafell wisgo yn ystod yr egwyl.

Daliai'r sgôr yn ddim i ddim ond i Bryn Llyfnwy yn unig yr oedd y diolch am hynny. Dro ar ôl tro bu'r bêl yn bwledu tuag at gôl y Mellt a Bryn fel cangarŵ yn neidio o un pen i'r llall yn ddi-baid i'w rhwystro rhag cael cartref yn y rhwyd.

Nid oedd y Mellt hanner mor hyderus yn rhedeg allan i'r cae ar ddechrau'r ail hanner. Gwnaethant yn siŵr nad oedd eu gêm mor llac ag y bu yn yr hanner cyntaf. Gwnaeth Cai Jones yn siŵr fod dau ohonynt yn gwylio'r pen cyrliog drwy'r amser. Nid oedd amheuaeth na fyddai hwn yn Solano arall rhyw ddydd a thimau mawrion y byd yn ymladd am ei gael i chwarae iddynt.

Cyn pen pum munud wedi dechrau'r ail hanner roedd y bêl ganddo eto ac wedi osgoi ei ddau wyliwr roedd yn anelu at gôl y Mellt. Rhedodd Cai Jones wrth ei ochr yn fwy penderfynol nag erioed i ennill y gêm. Rhoddodd hergwd sydyn i'r llall â'i ysgwydd a chipio'r bêl oddi arno. Ciciodd hi yn ôl â'i sawdl lle gwelai â chil ei lygaid grys coch yn disgwyl amdani. Yna roedd rhes o'r Mellt yn brysio ar draws y cae, a'r bêl yn mynd o un i'r llall o ben draw ochr dde y cae i'r chwith ac yna yn ôl. Roedd amddiffynwyr y tîm arall wedi eu drysu yn lân.

Gwenodd Cai Jones wrth iddo weld y gôl yn ymddangos o'i flaen. Yna gwaeddodd nerth esgyrn ei ben wrth i Mel Huws aros am eiliad fer ar yr ochr dde ac anelu'r bêl tuag ato. Gwyliodd hi yn dod ar hanner tro drwy'r awyr. Roedd y pen cyrliog wrth ei ochr eto ond nid oedd ganddo obaith yn erbyn Cai yn yr awyr. Neidiodd Cai Jones, pob gewyn yn ei gorff yn ei anfon yn uwch ac yn uwch. Teimlodd y lledr yn erbyn ei dalcen. Ond roedd y golwr yn fwy na pharod. Cafodd ei ddwrn i'r bêl a'i hanfon yn ôl i ganol y frwydr o flaen y gôl. Daliodd Cai hi â'i droed dde ond yna daeth un o'r tîm arall o'r tu ôl iddo. Teimlodd bob mymryn o anadl yn diflannu o'i gorff wrth iddo deimlo'r ysgwydd yn ei gefn a rhowliodd mewn poen ar y llawr.

Gwaeddai'r dorf yn groch a thîm yr ysgol yn protestio'n wyllt wrth i'r dyfarnwr chwibanu ac amneidio at y smotyn gwyn o flaen y gôl. Daeth un o'r Mellt i helpu Cai Jones ar ei draed. Arhosodd yntau yn ei ddwbl am eiliad neu ddwy, ei gefn fel pe bai rhywun wedi gwthio haearn poeth drwyddo. Yna amneidiodd ar Mel Huws i gymryd y gic gosb.

Nid oedd sŵn yn unman wrth i Mel osod y bêl yn ofalus ar y smotyn gwyn, dim ond sŵn y gwynt yn suo'n isel ym mrigau'r coed o gwmpas y cae. Yna edrychodd Mel yn ei ôl a chamodd wysg ei gefn oddi wrth y bêl. Un edrychiad sydyn i gyfeiriad y gôl, a saethodd. Aeth y bêl ar ei hynt mor gyflym fel mai'r cwbl a welodd Cai oedd y rhwyd yn bochio a'r golwr ar ei hyd yn y llaid.

Roedd profiad y Mellt yn dechrau dweud ar y lleill yn awr. Roeddynt fel pe bai rhywun wedi tynnu eu calonnau ohonynt. Gwnaethant un ymdrech arall ar gôl Bryn Llyfnwy ond wedi i'r bêl neidio'n ôl oddi ar y postyn deirgwaith yn olynol, ni fu mwy o ymosod.

'Fel dwyn potel oddi ar fabi,' gwaeddodd Nic wrth i Cai Jones anfon y bêl tuag ato.

'Cadw dy lygaid ar y bêl,' cyfarthodd Cai yn ôl.

Gwenodd Nic gan cicio'r bêl ymlaen lle roedd un arall o'r Mellt yn ei disgwyl. Roedd dau o amddiffynwyr yn brysio tuag ato, neb arall rhyngddo ef a'r gôl. Cymerodd ei amser i anelu. Cododd y bêl dros ben y ddau arall. Neidiodd y golwr am gornel chwith y rhwyd ond roedd y bêl eisoes yn sboncio'n aflonydd yn yr ochr dde.

Dwy gôl i un i'r Mellt a deng munud o chwarae ar ôl. Ond roedd Cai Jones wedi chwarae gormod o bêl-droed i orffwys dim ar ei rwyfau. Daliodd i gadw ei ddynion ar flaenau eu traed gan weiddi ar hwn yma a chyfarth ar y llall acw, y bêl yn crwydro'r cae o un pen i'r llall yn ddi-baid.

'Mae hi gen i,' gwaeddodd wrth iddo sefyll wrth ymyl y gôl a gweld un o'r tîm arall yn rhedeg tuag ato gan wthio'r bêl o'i flaen. Rhedodd Cai i'w gyfarfod. Sglefriodd ar hyd y cae ar ei sawdl, llithrodd ei droed rhwng coesau'r llall a chicio'r bêl oddi arno. Yna rhedodd gam ar ei hôl a'i chicio ymhell i ben arall y cae.

'Cai,' clywodd lais Bryn Llyfnwy o'r tu ôl iddo.

'Ie,' aeth gam neu ddwy yn ôl heb dynnu ei olwg oddi ar y bêl.

'Mae o yn ein gwylio ni.'

'Pwy?' gofynnodd Cai yn ddigon didaro gan ei fod yn fwy pryderus am safle'r bêl na dim arall ar y funud honno.

'Fan acw wrth giât y cae chwarae, o flaen y tai mawrion yna.'

Roedd y cyffro yn llais y golwr yn ddigon. Llamodd calon Cai wrth iddo weld Carlos Vargas yn sefyll yno gan bwyso ar ochr y *Cadillac* du. Pwysai ei freichiau ar do llydan y car wrth iddo wylio pob symudiad o eiddo Cai Jones. Craffodd Cai i'w gyfeiriad a thaflodd Carlos y sigarét o'i geg yn sydyn a phoerodd ar y llawr yn ddirmygus bron. Yna dringodd i sedd y car ond ni wnaeth unrhyw osgo i gychwyn oddi yno.

'Be' aflwydd mae o eisiau nawr? Rydw i'n siŵr . . .' dechreuodd Bryn Llyfnwy ond yna roedd Cai Jones yn gweiddi'n groch wrth i'r bêl ddod tuag atynt.

Roedd y pen cyrliog wedi ei chael eto a golwg benderfynol ar ei wyneb wrth iddo ei hanfon tuag atynt. Rhedodd Cai Jones i'w gyfarfod ond yna roedd y bêl yn neidio tros ei ben a'r bychan yn ochrgamu i'r dde heibio iddo. Trodd Cai ei ben a chaeodd ei lygaid am eiliad wrth iddo glywed clec blaen troed y llall yn taro'r bêl. Llef uchel o'r dorf ac yna rhu o siom.

Agorodd Cai ei lygaid mewn pryd i weld y bêl yn crafu heibio postyn y gôl ac yn diflannu i'r dorf a chlywodd sŵn chwiban y dyfarnwr yn dod â'r gêm i ben yr un pryd bron.

Wrth iddynt frysio tua'r ystafell wisgo clywodd Cai sŵn car yn brysio oddi yno ac ochneidiodd mewn rhyddhad wrth iddo weld y *Cadillac* yn diflannu yn y pellter. Ond eto ni fedrai yn ei fyw gael gwared â'r anesmwythyd oedd yn ei fron am weddill y p'nawn hwnnw.

Roedd te bendigedig wedi ei baratoi iddynt yn yr ysgol ar ôl y gêm ac amser i aelodau'r ddau dîm gael cymysgu a sgwrsio ymysg ei gilydd.

Deallodd Cai mai un o fechgyn y tlodion oedd yn byw mewn cwt pren ar gyrion y ddinas oedd y bychan cyrliog fu'n chwarae mor dda yn ei erbyn. Sylweddolodd rhywun pan oedd yn ifanc iawn fod dyfodol disglair iddo ym myd pêl-droed. Cafodd ei addysg am ddim yn yr ysgol fonedd ac yn awr roedd ar ei ffordd i fod yn un o bêl-droedwyr mawr y byd.

Ond wrth iddo siarad ag ef wrth y bwrdd te sylweddolodd Cai mai brodor cyffredin fel y gweddill o bobl y wlad ydoedd yn y bôn er cymaint yr addysg a ddaeth i'w ran.

'Fyddwn ni byth yn mynd i'r goedwig wedi nos,' meddai wrth i Cai ei holi am hyn a'r llall. 'Mae teml y diafol yno. Does neb ond y rhai ffôl yn mynd i'r goedwig.'

'Does dim i'w ofni yn y goedwig debyg,' gwenodd Cai, a'r hen anesmwythyd yn ôl yn ei galon unwaith eto.

Edrychodd y llall yn slei arno am ychydig.

'Fyddai neb yn meiddio mynd at deml y diafol wedi

nos,' meddai. 'Nac yn y dydd ychwaith,' ychwanegodd gan ostwng ei lais yn gyfrinachol. 'Mae ysbrydion yn y deml. Mae'r diafol ei hun yn dawnsio yno ar noson leuad.'

Chwarddodd Cai Jones yn uchel. Fe wyddai am yr hen deml yn y goedwig er na fu yn agos ati. Nid oedd yn ddim ond hen furddun bellach. Fe glywodd y storïau am yr ysbrydion hefyd ac am addoli ac aberthu i'r diafol. Ond yna roedd y wlad yma yn llawn o bobl ofnus ac ofergoelus. Chwarddodd eto ond ni ddywedodd y bachgen air yn ychwaneg. Trodd ar ei sawdl a cherdded ymaith gan adael Cai yn dal i wenu.

Nid oedd ddal ar Cai Jones yn awr. Cyn gynted â'u bod wedi cyrraedd yn ôl yn y gwesty yn hwyr y prynhwn hwnnw aeth i ystafell Bryn Llyfnwy.

'Mynd i weld hen deml y diafol?' meddai hwnnw a golwg hurt arno. 'Wyddwn i ddim fod gen ti ddiddordeb mewn hen hanes, Cai.'

Codi ei ysgwyddau wnaeth Cai.

'Mae cymaint o sôn am y lle,' meddai. 'Meddwl y byddai yn ddiddorol yr oeddwn i.'

'Wyt ti'n siŵr?' gofynnodd y llall. 'Dwyt ti ddim yn chwilio am fwy o drybini, wyt ti, Cai? Cofia dy fod ti wedi cael rhybudd yn barod. Fu'r polîs yna fawr o dro yn dweud wrthat ti am gadw dy drwyn o'u busnes. Cofia eu bod yn nhâl Lopez yn ôl pob tebyg. Mae pob ffŵl yn gwybod hynny.'

'Tyrd yn dy flaen. Brysia.' ebe Cai Jones ar ei draws. 'Neu bydd y nos ar ein gwarthaf.'

Wrth iddynt yrru ar hyd y ffordd a arweiniai i'r

goedwig daeth car du i'w cyfarfod rownd tro yn y ffordd.

'Gwylia dy hun,' gwaeddodd Cai a rhuthrodd i'r llyw wrth i'r *Cadillac* ddod yn syth amdanynt.

Ymlafniodd y ddau â llyw y car nes ei fod yn symud ar ddwy olwyn bron wrth iddynt fethu'r car arall o fodfedd yn unig. Daethant i aros ar ochr y ffordd yn chwys diferol.

'Y dyn main yna, Carlos Vargas,' llefodd Bryn. 'Bu bron iddo â'n taro.'

Ond rhywbeth arall a boenai Cai Jones. Synfyfyriodd drwy ffenest y car heb ddweud dim am hir. Roedd wedi adnabod yr wyneb arall yn y car wrth iddo ruo heibio iddynt. Y bachgen pen cyrliog fu'n chwarae pêl-droed yn eu herbyn y p'nawn hwnnw. Ef oedd wrth ochr Vargas yn y *Cadillac.*

Cymerodd amser i'r ddau ddod atynt eu hunain cyn ailgychwyn ar y daith ac erbyn hyn roedd hi wedi nosi, a'r lleuad yn gwenu'n felyn arnynt drwy frigau'r coed.

'Fyddwn ni ddim yn hir yn awr,' ebe Cai yn gyffrous. 'Mae'n well i ni adael y car fan hyn. Mae llwybr yn arwain at y deml.'

Pan oeddynt o fewn decllath i'r hen adeilad arhosodd y ddau yn sydyn.

'Sŵn tabyrddau,' ebe Bryn Llyfnwy yn ofnus braidd gan graffu i'r gwyll. 'Mae sŵn tabyrddau yn dod o'r hen deml yna, Cai. Wyt ti'n meddwl ei fod yn beth call i ni . . .?'

Ond yr eiliad nesaf fferrodd gwaed y ddau yn eu gwythiennau wrth i'r sgrech fwyaf oernadol a glywsant erioed rwygo'r awyr o'u blaenau. Neidiodd y ddau mewn braw i ganol y prysgwydd ac aros yno yn dynn wrth ei gilydd â'u calonnau yn eu gyddfau.

'Fan acw, edrych,' ebe llais Cai Jones yn grynedig wrth iddo amneidio tua'r golau ym mhen draw yr hen deml.

'Be' ydi o?' ebe Bryn Llyfnwy mewn llais mwy crynedig fyth.

Aeth y ddau yn nes. Dawnsiai tua dwsin o frodorion mewn cylch ynghanol muriau yr hen deml wrth olau canhwyllau. Roeddynt wedi peintio eu cyrff yn wyn. Yn y canol yn cadw llygad barcud arnynt safai gŵr tua chwe throedfedd o daldra. Roedd ei gorff wedi ei beintio'n goch a melyn a gwyn ac am ei wyneb roedd mwgwd ar lun penglog dyn.

Dechreuodd ddawnsio'n gyflym o gwmpas y lleill ac yn ei law roedd cyllell hir, finiog. Weithiau anelai hi at fath o elor a orweddai ar y llawr. Arni gorweddai gŵr ifanc a'i ddwylo a'i goesau wedi eu clymu'n dynn. Bob tro y deuai blaen miniog y gyllell yn agos ato sgrechiai nes bod yr eco yn dychryn heidiau o adar o'u cwsg yn y coed gan wneud iddynt ddianc mewn cawodydd o ddail a brigau mân.

'Solano ydi o.' Roedd ceg Cai Jones cyn syched â'r anialwch pan fedrodd gael y gair allan. 'Solano ydi o, Bryn. Maen nhw'n mynd i'w aberthu o. Dynion y *voodoo* ydyn nhw. Maen nhw . . .'

'Aros,' rhuthrodd ei ffrind i'w fraich a'i atal wrth i Cai godi ar ei draed yn wyllt. Tynnodd ef i'r llawr eto. 'Fedri di wneud dim, Cai. Mae yna ormod ohonyn nhw.'

Pennod 7

Daeth distawrwydd sydyn o'r hen deml. Peidiodd y tabyrddau â churo a pheidiodd y dynion â dawnsio. Nid oedd sŵn yn awr ond sŵn y gŵr tal yn llafarganu rywle yn ei wddf wrth iddo anelu'r gyllell at y lleuad. Yna daeth pedwar o'r dawnswyr ymlaen a gafael ym mhob cornel i'r elor cyn ei chodi a'i chario at bont gron a arweiniai i'r unig ystafell oedd ar ei thraed yn yr hen adeilad. Gwyliodd y ddau y pedwar yn diflannu gyda Solano drwy'r agoriad fel dau mewn swyngwsg. Roeddynt wedi dychryn gormod i ddweud dim. Gwelsant weddill y dawnswyr yn eu dilyn ac yna'r gŵr tal a'r gyllell. Cyn iddynt ddiflannu'n llwyr daeth un sgrech annaearol arall o enau Solano ac yna distawrwydd llethol eto oni bai am sŵn ambell aderyn a gafodd ei ddeffro o'i gwsg mor ddisymwth.

'Tyrd,' carlamodd Cai Jones tua'r deml.

Ond yna neidiodd cysgod o'i flaen. Arhosodd yn hollol lonydd a theimlodd wallt ei ben yn codi'n bigau a'r gwaed yn fferru yn ei wythiennau unwaith eto. Yn sefyll ar ei lwybr roedd ysgerbwd dynol yn gwenu arnynt. Siglai yn ôl a blaen yn araf. Nid arhosodd Cai i feddwl. Gwyrodd ei ben a rhuthro tuag ato. Teimlodd ei ben yn taro rhywbeth meddal a daeth gwaedd sydyn o enau'r 'sgerbwd.

Cyn i Cai godi ei ben roedd Bryn wedi taro'r

ddrychiolaeth â'i holl egni. Daeth gwaedd eto a chychwynnodd oddi yno ar ras. Gafaelodd Bryn ynddo am eiliad ond llithrodd drwy ei ddwylo a diflannu i'r nos.

'Gwaith da, Cai,' ebe Bryn Llyfnwy wrth i'r ysgerbwd ddiflannu i ddiogelwch y coed. 'Hen dric yn y rhan yma o'r byd.'

'Roeddwn innau wedi darllen am y peth hefyd,' gwenodd Cai. 'Siwt o sidan du wedi ei gwisgo am ddyn croenddu a llun sgerbwd wedi ei beintio'n wyn arni. Yng ngolau cannwyll neu leuad mae'n edrych yn union fel esgyrn dynol.

'Ac yn ddigon i ddychryn y brodorion ofergoelus a'u cadw yn ddigon pell oddi yma,' ebe Bryn.

'Fe fu bron iddo â'm hel innau oddi yma hefyd,' oedd sylw Cai. 'Rhaid i ti gyfaddef iddo roi andros o fraw i ni nes y gwelais i wyn ei lygaid dan y paent yna.'

'Ac mae sôn am ysbryd fel hwn yn yr hen deml yma yn ddigon i gadw pawb draw a gadael llonydd i'r cnafon acw wneud fel a fynnon nhw,' ebe Bryn gan redeg tuag at y canhwyllau oedd yn dal i sefyll ar furiau'r hen deml.

Aeth drwy'r bont gron ar ras a Cai Jones yn dynn wrth ei ochr. Cawsant eu hunain mewn ystafell sgwâr, enfawr, wag wedi ei hadeiladu â darnau o farmor gwyn. Nid oedd to iddi ac roedd golau'r lloer uwchben yn taflu golau egwan ar bopeth. Nid oedd ddodrefnyn yn unman oddi fewn i'r ystafell. Roedd yn hollol wag oni bai am ddarn enfawr, sgwâr o farmor ar ganol y llawr.

'Allor i aberthu pobl ac anifeiliaid arni yn yr hen ddyddiau,' ebe Cai yn ddwys gan fynd i sefyll wrth ei hymyl.

'Ond y dawnswyr .. a Solano?' gofynnodd y golwr mewn penbleth. 'Maen nhw wedi diflannu.'

Rhedodd y ddau o amgylch y muriau moelion yn wyllt ond, oni bai am yr agoriad y daethant drwyddo, nid oedd ddrws arall i'r ystafell.

'I ble ar y ddaear yr aethon nhw?' dechreuodd Bryn Llyfnwy mewn mwy o benbleth nag erioed.

Yna, meddai gan redeg allan o'r ystafell. 'Rydw i'n mynd i chwilio am help, Cai. Tyrd, brysia.'

'Ac i ble ar y ddaear yr ei di?' gofynnodd Cai yn sbeitlyd.

'Y polîs, debyg. Mae'n **rhaid** iddyn nhw wrando arna i, Cai.' Rhedodd am y car. 'Tyrd, does dim arall fedrwn ni ei wneud.'

Ond roedd Cai Jones wedi gweld rhywbeth wrth droed yr allor yng ngolau'r lleuad a theimlai fel pe bai llaw anelwig yn ei yrru ymlaen i ryddhau ei ffrind.

'Brysia di, Bryn,' meddai a'i lais mor gadarn ag erioed. 'Rydw i am aros yma rhag ofn i'r dihirod ddod yn eu holau.'

Ysgydwodd Bryn ei ben yn araf ac edrych ar ei gyfaill fel pe bai'n cydymdeimlo ag ef. Yna heb air yn ychwaneg, rhedodd at y car. Cyn i'w swn ddiflannu yn y pellter roedd Cai Jones yn ôl yn yr ystafell sgwâr. Plygodd wrth yr allor ac yno wrth ei droed roedd darn bychan o ddilledyn. Ceisiodd ei godi ond roedd rhan ohono o dan y garreg enfawr.

Gwthiodd Cai yn ei herbyn a thoc teimlodd hi'n troi fel ar echel gan adael twll sgwâr yn y llawr a grisiau yn arwain i lawr. Brysiodd i lawr y grisiau. Yn y gwaelod roedd twnel llaith yn arwain i rywle. Roedd golau trydan yma ac acw yn ei oleuo. Rhedodd Cai ar ei hyd gan lithro ar y llawr pridd llaith. Cyn hir sylweddolodd fod y twnel yn arwain at i fyny. Yna roedd yn dringo grisiau cerrig eto ac yn sefyll wrth ddrws derw praff.

Arhosodd â'i glust wrtho am hir ond nid oedd sŵn yn unman ond sŵn ei galon ei hun yn curo fel taran yn ei fron. Gwrando eto a sŵn llygoden yn crafu yn rhywle yn llenwi ei glustiau.

Gafaelodd yn nwrn y drws yn ofalus a'i droi yn araf. Craffodd drwy gil y drws. Tywyllwch dudew yr ochr arall. Agorodd Cai y drws led y pen a chamu i'r tywyllwch ond yna daeth sŵn clic ysgafn o'r dde a ffrydiodd golau llachar i'r ystafell. Bu bron iddo â sgrechian mewn braw. Trodd i ddianc ond safai'r cawr saith troedfedd a warchodai Lopez rhyngddo a'r drws yn awr. Gwenodd wên ffiaidd ar Cai Jones, gafaelodd yn ei wddf ag un llaw anferth, gwasgodd ychydig nes tynnu dŵr o'i lygaid ac yna gwthiodd ef â'r fath egni fel y syrthiodd ar ei hyd ar y llawr cerrig.

Cododd Cai ar ei draed yn araf a'r chwys yn oer hyd asgwrn ei gefn, a'i wyneb fel y galchen. O'i gwmpas yma ac acw hyd yr ystafell roedd y dawnswyr a'r dyn tal a'r gyllell. Gorweddai Solano ar yr elor a oedd wedi ei chodi ar allor o farmor yn union yr un fath â'r un oedd yn y deml yn y goedwig. Roedd yn amlwg oddi wrth y muriau cerrig moelion a'r llawr llaith eu bod mewn seler yn rhywle. Ceisiodd Cai ddirnad ymhle yr oeddynt ond ni fu'n rhaid iddo bendroni yn hir.

Agorodd drws ym mhen draw'r ystafell toc ac wrth iddo weld y grisiau cerrig yr ochr arall iddo a'r rhodfa hir gwyddai eu bod o dan y Fila Lopez. Daeth Eurico Lopez drwy'r drws a thri o ddynion o'i ôl fel cŵn bach yn gwylio rhag i unrhyw niwed ddod iddo. Gyda hwy roedd Carlos Vargas a golwg fwy mileinig nag erioed arno. Daeth at Cai Jones yn araf a bygythiol. Safodd o'i flaen a chraffu i fyw ei lygaid. Arswydodd Cai drwyddo wrth weld y casineb yn y llygaid llwydion a'r clais yn dal ar ochr ei ên lle y trawodd Bryn Llyfnwy ef noswaith neu ddwy ynghynt.

Ni ddywedodd y gŵr air, dim ond syllu i lygaid Cai am hir, yr ystafell yn ddistaw fel y bedd a phob llygaid yn ei wylio. Yna, heb arwydd o gwbl, cododd ei law a thrawodd y Cymro ar ochr ei wyneb â'i holl nerth. Roedd y boen yn tynnu dŵr o lygaid Cai. Caeodd hwy'n dynn am eiliad ac ymdrechodd rhag gweiddi mewn poen. Teimlodd ei hun yn siglo'n ôl a blaen am eiliad, popeth yn troi o'i amgylch. Ac yna clywodd lais Lopez fel taran yn ei gyfarch.

'Croeso, Cai Jones,' meddai, a dirmyg lond ei lais. 'Rwyt ti wedi mynnu dod yn un ohonon ni. Paid ti â fy meio i yn awr. Fe roddais i ddigon o gyfle i ti beidio â busnesa yn fy mywyd i ond roeddet ti'n rhy ddwl i ddeall.'

Eisteddai ar fath o lwyfan eang ym mhen draw'r seler yn awr, a'i ddynion yn dynn bob ochr iddo.

Gwthiodd Jano Cai Jones yn frwnt â'i ben-glin yn ei gefn nes y safai o flaen Lopez.

'Dwyt ti ddim yn deall fy mod i yn berchen ar bobl, nac wyt?' gofynnodd hwnnw. 'Pa fusnes oedd o i ti fod Solano wedi diflannu? Fe geisiais i dy rybuddio di, gyfaill, ond yn awr mae gen i bethau gwell i'w gwneud â thi. Gan dy fod ti wedi mynnu cynnig dy wasanaeth, mae gen i waith i ti.'

'Mae'r polîs ar eu ffordd yma, Lopez,' heriodd Cai ef gan gamu tuag ato. 'Mae fy ffrind yn siarad â Phennaeth y Polîs yn awr. Fe fyddan nhw yma rhag blaen a . . .'

Teimlodd law y cawr yn gafael yng ngholer ei grys ac yn ei dynnu gam yn ôl.

Chwarddodd Lopez nes bod eco'i lais yn diasbedain yn y nenfwd ac ym moelni'r ystafell.

'Roeddwn i'n meddwl dy fod ti wedi ceisio dweud wrth y polîs yn barod,' meddai. 'Druan ohonot ti. Wyddost ti ddim mai fi sy'n cadw'r polîs yna mewn gwaith? Fydden nhw byth yn cael byw yn y fath foethusrwydd oni bai fy mod i yn talu iddyn nhw. Does dim angen polîs fan hyn, mae fy nynion i yn ddigon i gadw'r brodorion mewn trefn.'

Teimlai Cai iasau yn rhedeg i lawr asgwrn ei gefn eto ac roedd cledrau ei ddwylo yn llaith gan chwys.

'Ond dyna ddigon o siarad gwag,' clywodd lais Lopez eto. 'Mae gwaith i'w wneud. Rwyt ti'n cychwyn oddi yma y dydd ar ôl yfory rydw i'n deall?'

Ni ddywedodd Cai Jones air, dim ond synfyfyrio yn ddwys ar y llawr.

'Yn y bws i'r harbwr ac adref mewn llong. Peth

anghyffredin iawn yn y dyddiau yma o ruthro i bobman mewn awyren,' ebe Lopez. 'Ond ychydig o wyliau oedd y daith yma i fod yntê? A'r rheolwr caredig yna sydd gan y Mellt am orffen y gwyliau mewn steil a mynd â chi adref ar fordaith braf.'

Eto ni ddaeth gair o enau Cai. Amneidiodd Lopez ar Jano. Gafaelodd y cawr ym mreichiau Cai o'r tu ôl a chododd ef ychydig oddi ar y llawr cyn ei gario at ei feistr a'i daflu i gadair wag wrth ochr y dihiryn.

'Roeddwn i'n meddwl y byddet ti'n dod drwy'r twnel yna,' gwenodd Lopez. 'Roedd hi'n ormod o demtasiwn i beidio â mynd i'r hen deml wedi i'r bachgen yna ddweud hanes yr ysbryd wrthat ti, yn doedd? A'r darn dilledyn yna wedi ei adael dan yr allor yn barod i ti. Roeddet ti'n ormod o hen drwyn i beidio, yn doeddet?'

Suddodd calon Cai Jones. Gwyddai pam i'r pen cyrliog ddweud y stori am y deml wrtho yn awr a gwyddai pam iddo ei weld yn rhuthro ymaith yn y car gyda Carlos Vargas. Petai yntau ond wedi meddwl am eiliad. Arian Lopez oedd yn cadw'r ysgol fonedd i fynd. Roedd y cnaf yn prynu pawb yn y lle bron.

'Lwcus iawn i ti ddod hefyd,' rhoddodd Lopez ei law ar ei fraich yn gyfeillgar. 'A minnau wedi paratoi sioe arbennig i ti.'

Yna, cyn i Cai gael amser i brotestio, curodd ei ddwylo wrth ei gilydd. Diflannodd y golau trydan llachar, a goleuwyd cylch o ganhwyllau o gwmpas yr ystafell nes bod y lle yn llawn o gysgodion. Daeth sŵn tabyrddau o rywle yn y nenfwd, yn isel ac yna'n uwch ac uwch. Dawnsiodd y brodorion o gwmpas yr elor lle gorweddai Solano nes bod y chwys yn disgleirio ar eu cyrff ystwyth.

Aeth y dawnswyr ynghynt ac ynghynt i sŵn y tabyrddau ac wrth iddynt fynd heibio iddo roedd yr olwg bell, ryfedd yn eu llygaid yn sicrhau Cai eu bod mewn math o swyngwsg.

Voodoo, meddyliodd yn ddwys.

Roedd sŵn y tabyrddau yn eu hudo, yn eu mesmereiddio fel nad oedd ganddynt y syniad lleiaf beth oedd yn digwydd. Roedd y chwys yn llifo oddi wrthynt yn awr wrth i'r tabyrddau guro yn uwch ac yn uwch. Yna'n sydyn daeth tawelwch llethol. Daliai'r brodorion i ddawnsio ond heb sŵn yn awr ond sŵn siffrwd eu traed noethion ar gerrig llyfnion y llawr.

Roedd Cai Jones fel un wedi ei swyno hefyd wrth iddo weld y gŵr tal a'r gyllell hir, finiog yn ei law yn codi'n araf o'r lle yr eisteddai ar y llawr. Cerddodd yn araf at yr elor lle gorweddai Solano yn hollol lonydd oni bai am y llygaid duon yn gwylio pob symudiad o'i eiddo.

Yna dechreuodd y tabyrddau guro eto gan godi'n uwch ac yn uwch fel o'r blaen. Safodd y gŵr uwchben Solano am eiliad. Cododd y gyllell finiog yn ei ddwy law uwch ei ben. Teimlodd Cai y sgrech rywle yn ei wddf. Agorodd ei geg ond ni ddaeth yr un sŵn ohoni. Ceisiodd gau ei lygaid ond ni fedrai eu tynnu oddi ar yr olygfa o'i flaen. Roedd fel pe bai rhyw law anweledig nerthol yn gwthio ei amrannau yn agored ac yn ei orfodi i wylio.

Stopiodd sŵn y tabyrddau yn sydyn a daeth y gyllell i lawr. Gwyliodd Cai y gwaed yn codi'n gawod o fron Solano ond ni ddaeth yr un symudiad na'r un waedd ohono.

'*Voodoo*, fy nghyfaill annwyl. Rwyt ti wedi clywed am y peth debyg?' ebe Lopez wedi munudau hirion o dawelwch. 'Heno dyma ti wedi gweld nerth *voodoo*.'

'Cer ato. Edrych arno,' gwenodd wrth weld Cai yn methu â thynnu ei lygaid oddi ar Solano.

Roedd coesau Cai Jones fel dau welltyn yn mynnu siglo oddi tano wrth iddo ymdrechu tuag at ei hen ffrind. Edrychodd Solano i fyw ei lygaid ond ni ddywedodd yr un gair wrtho. Er ei fod yn syllu i'w wyneb gan wenu, gwyddai Cai nad oedd yn ei weld o gwbl.

'Effaith *voodoo*,' eglurodd Lopez a oedd wedi dod i sefyll wrth ysgwydd Cai. 'Mae o wedi ei swyno cyn dod yma ac mae'r tabyrddau wedi swyno mwy fyth arno.'

Cododd ei ddwrn yn sydyn a thrawodd Solano yn ei stumog â'i holl nerth. Ond ni ddaeth yr un ebychiad o enau'r pêl-droediwr.

'Pwerau nerthol ydi rhai *voodoo*,' gwenodd Lopez. 'Dydi o yn teimlo dim nac yn gweld dim dan effaith y swyn.'

Sychodd y gwaed oddi ar fron Solano â hances sidan, wen. Syllodd Cai ar yr archoll yn ei fron, ôl blaen y gyllell finiog ac ychydig ddagrau o waed yn dal o'i gwmpas.

'Dim byd o bwys arno,' gwenodd Lopez gan geisio bod yn gyfeillgar drwy roi ei fraich am ysgwydd Cai

Jones. 'Dim ond i ychydig gnawd yn ei ochr fan hyn yr anelwyd y gyllell er ei fod yn edrych yn llawer gwaeth o'r fan acw. Bydd cyn iached â'r gneuen yfory. Ychydig o boen o gwmpas yr archoll efallai.'

Gwingodd Cai o'i afael. 'Ond pam?' gofynnodd yn chwyrn. 'Pam yn enw popeth?'

'I ddangos pa mor nerthol ydi *voodoo*, gyfaill,' oedd yr ateb tawel.

Roedd gwên slei yn y llygaid brwnt wrth i Lopez ychwanegu, â balchder lond ei lais, 'Mae o wedi ei gyflyru i wneud yn union fel y byddaf i yn dweud wrtho. Mae'n fodlon gorwedd ar yr elor yna a gadael i mi ei ladd heb godi ei lais mewn protest o gwbl a heb deimlo dim.'

Dechreuodd Cai brotestio yn wyllt ond gwenodd Lopez ac amneidiodd at Solano.

'Fe welaist beth ddigwyddodd,' meddai. 'Plannu'r gyllell yna i'w gorff nes tynnu gwaed. Glywaist ti o'n gweiddi mewn poen o gwbl? Welaist ti o'n ceisio osgoi'r llafn miniog?'

Nid oedd dim a fedrai Cai Jones ei wneud ond cuddio'i wyneb yn ei ddwylo ac ochneidio mewn anobaith llwyr. Yna cododd ei ben a gwelodd Lopez yn dal i wenu o'i flaen. Teimlodd y gwrid yn codi i'w wyneb. Roedd y gwylltineb yn ffrydio i'w galon. Gwaeddodd yn sydyn, gwaedd annaearol fel gwaedd anifail mewn ofn a rhuthrodd am wddf Lopez a gwasgu. Ond yna clywodd ru o'i ôl a theimlodd ddwylo caled Jano yn gafael am ei ganol fel petai'n ddim ond doli glwt ac yna yn ei godi a'i daflu ar hyd yr ystafell.

Ysgydwodd ei ben wedi codi yn ôl ar ei eistedd. Ond yna roedd y dwylo rhawiau yn ei godi ar ei draed eto. Gwelodd y cawr yn tynnu ei ddwrn yn ôl yn barod i'w daro ond yna daeth llais Lopez i'w achub.

'Dyna ddigon, Jano,' gwaeddodd. 'Mae gen i waith i'r cnaf.'

'Ac yn awr mae'n well i ni fynd i rywle mwy esmwyth i siarad busnes,' meddai a'i lais yn ddigon addfwyn eto er bod y llygaid yn melltennu yn ei ben.

Aeth ef a Carlos yn ôl drwy'r drws ym mhen draw'r seler a'r llall yn gwthio Cai ar eu holau. I fyny'r grisiau cerrig â nhw nes cyrraedd y lolfa esmwyth yn y Fila Lopez. Canodd Lopez gloch ac aeth i eistedd ar y soffa hir gan guro'r sedd wrth ei ochr â'i law fel arwydd i Cai eistedd hefyd. Ni chafodd y truan gyfle i wrthod. Gwthiodd Jano ef i'w sedd heb wastraffu mwy o amser ac yna eisteddodd yntau a Carlos Vargas ar ddwy gadair yn ei wynebu.

Daeth cnoc ysgafn ar y drws a brysiodd un o'r morynion i mewn gan gario hambwrdd yn llawn o wydrau a diod ynddynt. Cymerodd Lopez un a chynnig un i Cai. Wedi iddo yntau wrthod yfodd Lopez ychydig o'i ddiod ac yna ei ddodi ar y bwrdd bychan o'i flaen. Sychodd ei geg â hances sidan ac yna meddai'n araf heb edrych ar Cai Jones o gwbl.

'Rwyt ti'n mynd adref y dydd ar ôl yfory. Fydd y siwrnai, hyd yn oed mewn llong, ddim yn hir iawn.' Arhosodd am eiliad fel pe i roi cyfle i'r llall ateb ac yna ychwanegodd, 'Mae gen i rywbeth i'w anfon i Brydain. I Loegr a dweud y gwir, i Southampton. Fan honno y bydd y llong yn glanio yntê?'

Ni ddywedodd Cai air eto.

'Ac mae anfon pethau drwy'r post yn costio'r ddaear y dyddiau yma.' Chwarddodd Lopez yn uchel a chwarddodd Jano a Carlos i'w ganlyn.

'Meddwl yr oeddwn i,' meddai Lopez, 'y byddet ti yn mynd â phecyn drosodd i mi. Fe fydd rhywun yn dy gyfarfod ti oddi ar y llong.'

Edrychodd Cai Jones yn ddirmygus arno am ychydig. Rywle yn ei isymwybod roedd yn dechrau deall beth oedd ar droed ond roedd fel un mewn hunllef yn disgwyl deffro unrhyw eiliad, yn saff yn ei wely yn ei gartref ei hun.

'Carlos,' amneidiodd Lopez ar y gŵr tal. Cododd yntau ac aeth at y sêff oedd o dan gerflun trwm ar y llawr. Agorodd hi'n araf a thynnu rhywbeth ohoni. Yna daeth yn ei ôl a thaflodd becyn bychan a bwysai oddeutu dau bwys i'w feistr. Roedd yntau yn mwynhau ei hun yn fawr wrth iddo weld yr ofn yn gymysg â'r dig yn llygaid Cai Jones wrth iddo agor y pecyn yn ofalus. Oddi mewn iddo roedd powdwr gwyn. Plannodd Lopez ei fys iddo a'i flasu. Yna gwnaeth wyneb hyll cyn cynnig y pecyn i Cai.

Cymerodd yntau ef ac edrych yn fud arno am eiliad. Yna gwylltiodd yn enbyd. Cododd ar ei draed a thaflu'r pecyn i ben arall yr ystafell nes bod llwybr o bowdwr gwyn hyd y carped ymhobman.

'Cyffuriau,' gwaeddodd nerth esgyrn ei ben. 'Byth.'

Llamodd y cawr tuag ato a'i ddyrnau ynghau ond unwaith eto daliodd Lopez ei law i'w atal. Brysiodd

Carlos tuag at y cyffuriau a cheisio eu brwsio â'i law yn ôl i'r pecyn oddi ar y carped.

'Fyddai neb byth yn dy amau di.' Ceisiodd Lopez fod yn gyfeillgar eto. 'Cai Jones a'r Mellt? Un o chwaraewyr pêl-droed enwog y byd? Fyddai swyddogion y tollau ddim yn meddwl eich chwilio chi wrth i chi fynd i'r lan.'

'Byth.' Cododd Cai ar ei draed yn wyllt ac yna eisteddodd yn ei ôl pan welodd Jano yn camu tuag ato.

''Dim ond un waith,' erfyniodd Lopez, a'r bygwth yn ôl yn ei lais yn awr. 'Cei enwi dy bris.'

'Byth. Fedrwch chi ddim deall ddyn?' gwaeddodd Cai yn ei wyneb.

'Ac fe hoffen ni gael benthyg y bws yna sydd gan y Mellt am awr neu ddwy efallai,' ebe Lopez fel pe bai heb ei glywed. 'Wnawn ni ddim niwed o gwbl iddo ac fe'i cewch o yn ôl yn ddigon buan i fynd ar y llong.'

'Er mwyn i chi gael cuddio mwy o gyffuriau ynddo debyg,' ebe Cai heb ostwng ei lais.

'Mae'r bachgen yn dechrau drysu,' chwarddodd Lopez.

Roedd y cawr yn sefyll o'i flaen yn awr ond ymwthiodd Cai Jones heibio iddo ac aeth i syllu drwy'r ffenest. Gobeithiai yn ei galon y byddai Bryn Llyfnwy a'r polîs yn brysio i fyny'r ffordd tuag at y tŷ ond gwyddai mai ofer fyddai disgwyl.

'Byth,' meddai yn ddistawach yn awr. 'Wna i byth gario yr un gronyn o gyffuriau i Loegr nac i unrhyw wlad arall i chi a fydd dim yn cael ei gario ym mws y Mellt ychwaith.'

Gwenodd Eurico Lopez, cododd ar ei draed yn araf a cherddodd at y drws. Aeth allan a brysio at y drws a arweiniai i'r seler. Safodd yno ac amneidio ar Jano. Rhuthrodd yntau i wegil Cai Jones ag un llaw a gwasgodd fôn ei fraich â'r llaw arall gan ei wthio tua'r drws. Roedd y dawnswyr wedi mynd yn awr, neb yn y seler ond Solano, yn dal i orwedd ar yr elor.

'Fyddet ti ddim yn hoffi gweld dim byd yn digwydd i dy hen ffrind, debyg,' ebe Lopez. 'Y tro nesaf fe fydd blaen y gyllell yna yn mynd drwy ei galon.' Gwenodd wrth weld wyneb Cai yn wyn fel eira. Gwasgai'r llanc ei ddwylo yn ei gilydd mewn gwylltineb ond gwyddai na fedrai wneud dim yn erbyn y fath ddynion.

'Fe fyddwn ni'n cymryd benthyg y bws yna am ychydig yfory,' ebe Lopez.

Nid gofyn yr oedd yn awr ond gorchymyn. 'Bydd Solano yn cael ei ollwng yn rhydd yr eiliad y bydd y cyffuriau yn cyrraedd Lloegr yn saff. Rhaid i ti gymryd fy ngair i am hynny.'

Roedd Cai Jones wedi brysio yn ôl i'r ystafell arall yn awr. Eisteddai yno â'i ben yn ei ddwylo. Brysiodd y lleill ar ei ôl a safodd Jano a Carlos wrth y drws yn gwrando ar Lopez.

'Bydd pum can punt yn cael ei dalu i dy fanc di yng Nghymru bore yfory,' eglurodd i Cai. 'A bydd pum cant arall yn dod i ti ar ôl i ti ddanfon y pecyn yn saff.'

'Yn ffodus, neu efallai yn anffodus i ti,' ychwanegodd â gwên slei, 'fe fydda i ar y llong i gadw llygad arnat ti. Rydw i yn agor ysbyty newydd i blant yn yr Alban yr wythnos ar ôl y nesaf. Mae un o'r wardiau yn cael ei henwi ar fy ôl i. Wedi'r cwbl fy arian i sydd wedi adeiladu rhan ohoni.'

Aeth Cai Jones yn lloerig lân wrth iddo weld wyneb Lopez o'i flaen ac wrth iddo ei glywed yn canmol cymaint arno'i hun. Neidiodd amdano eto ond roedd Jano wrth ei ochr ar amrantiad i'w dynnu ymaith. Edrychodd Lopez yn ddig arno yn ymlafnio ym mreichiau'r cawr. Yna ysgydwodd ei ben yn araf ac ochneidio.

'Rydw i wedi gwneud fy ngorau,' meddai gan godi a mynd am y drws a thaflu ei gôt tros ei ysgwyddau yn ôl ei arfer. 'Rhaid i rywun geisio rhoi ar ddeall iddo.'

'Na, nid ti, Jano,' gwenodd gan amneidio ar i'r cawr ei ddilyn. 'Dydw i ddim am i neb ei ladd eto. Fedri di wneud rhywbeth, Carlos?'

Roedd gwên lydan ar wyneb Carlos Vargas fel gwên ar wyneb plentyn bach wedi iddo gael anrheg heb ei disgwyl.

'Gadewch y cnaf i mi,' meddai wrth i Lopez a'r cawr fynd drwy'r drws.

Cyn iddynt ei gau ar eu holau rhuthrodd at ochr Cai Jones a chyn i'r pêl-droediwr gael cyfle i'w osgoi roedd ei ddwrn yn glanio ar ochr ei ben ac yna ei ben-glin yn codi i'w stumog.

Syrthiodd Cai i'r llawr yn araf, yr holl ystafell yn troi fel chwrligwgan o'i gwmpas, sêr yn dawnsio o flaen ei lygaid. Cododd ar ei bedwar ac ymdrechodd i sefyll. Daeth cic sydyn oddi wrth Carlos a syrthiodd ar y llawr drachefn. Gafaelodd Carlos yng ngholer ei grys a'i godi ar ei draed yn frwnt. Yna rhoddodd un ergyd arall iddo yn ei lygaid dde a gwenodd.

'Nawr wyt ti'n fodlon helpu?' rhythodd i wyneb Cai.

Fel pe trwy wydr coch medrai Cai Jones ei weld yn hanner gwenu arno. Gwnaeth un ymdrech i godi eto ond yna gwelodd y gŵr yn tynnu rhywbeth o'i esgid a'i ddangos iddo, cerdyn bychan.

'Interpol,' sibrydodd. 'Inspector Neteroi.'

Yna daliodd ei fys at ei wefl fel arwydd i Cai fod yn ddistaw. Aeth yntau at y drws, ei agor ac wedi sicrhau nad oedd neb yn gwrando, daeth yn ôl ac eistedd ar fraich y gadair. Estynnodd hances o'i boced a'i chynnig i Cai i sychu'r gwaed o gil ei geg.

'Rydw i ar drywydd y dihirod yma ers misoedd,' meddai, 'ac wedi medru ymuno â hwy heb iddynt ddarganfod pwy ydw i. Fe fu fy rhagflaenydd yn flêr braidd ac wedi i Lopez wybod pwy ydoedd welodd neb byth mohono.'

'Interpol? Ond . . .?'

Chwarddodd y llall.

'Mae'n ddrwg gen i am hyn,' meddai gan graffu ar y clais glas oedd yn codi rownd llygad dde Cai. 'Ond roedd rhaid i mi ddangos fy mod wedi ceisio dy berswadio di.'

Cododd Cai ei law at ei lygad a gwingodd mewn poen.

'Fe geisiais i ddweud wrthat ti pwy oeddwn i o'r blaen, yn y goedwig yna,' ebe Neteroi, 'ond chefais i ddim cyfle i egluro gan y babŵn yna oedd efo ti.'

Gwylltiodd Cai yn gandryll wrth iddo glywed y llall yn galw Bryn yn fabŵn ond yna cofiodd am y gurfa roddodd y golwr mawr iddo a chwarddodd yn isel.

'Wyt ti'n fodlon?' gofynnodd Inspector Neteroi yn sydyn.

'Bodlon?'

'Bodlon i smyglo cyffuriau iddo fo?'

'Byth,' dechreuodd Cai eto ond aeth y llall i eistedd ar y gadair wrth ei ochr.

'Chei di mo dy ddal,' meddai. 'Fe wnaf i yn siŵr o hynny, a fyddi di ddim yn helpu Lopez mewn gwirionedd.'

Ysgwyd ei ben yn araf a gwenu wnaeth Cai Jones.

'Y polîs fydd yn derbyn y cyffuriau wedi i ti fynd â hwy drwy'r tollau,' eglurodd Neteroi. Cododd ei law i atal Cai rhag holi mwy wrth iddo weld y cwestiynau yn ei lygaid.

'Fedra i ddim dweud mwy,' meddai. 'Cofia mai cynllun y polîs ydi hwn i gyd, cynllun i gael Lopez i'r ddalfa unwaith ac am byth. Rwyt ti yn rhan o'r cynllun bellach ac os na wnei di ymuno â ni, yna bydd misoedd o waith yn mynd yn ofer.'

Syllodd Cai Jones ar y llawr yn ddwys.

'A Solano?' gofynnodd. 'Beth fydd yn digwydd i Solano?'

'Fydd dim byd yn digwydd i Solano,' atebodd y llall. 'Nid fi ydi'r unig blismon sydd wedi gweithio ei ffordd i mewn at y giwed yma, cofia. Bydd Solano yn iawn, a chyn gynted ag y bydd Lopez ar ei ffordd bydd yn rhydd unwaith eto. Wnaiff dim byd ddigwydd iddo. Paid ti â phoeni.'

'A gweddill y Mellt?'

'Does dim rhaid iddyn nhw wybod.'

'A fyddi dithau ddim yn gwybod llawer ychwaith,' ychwanegodd gan godi ar ei draed. 'Os gwnei di adael y bag fyddi di'n ei gario gyda thi ar y llong ar dy wely pnawn fory, fe fyddaf fi yn cael golwg arno. Fydd raid i ti wybod dim.'

Ochneidiodd Cai Jones yn uchel. Cododd yntau hefyd a cherddodd o amgylch yr ystafell fel un nad oedd ganddo'r syniad lleiaf pa beth i'w wneud.

'Fe fyddi di'n helpu i gael Eurico Lopez tu ôl i farrau dur lle mae bwystfil fel yna i fod,' ebe'r Inspector.

Ochneidiodd Cai eto, cododd ei ysgwyddau ac aeth i edrych drwy'r ffenest. Yna cofiodd am Solano yn hollol ddiymadferth ychydig amser ynghynt. Cofiodd am yr ofn a welodd yn llygaid y brodorion.

'O'r gorau,' meddai gan droi i wynebu'r plismon. 'Ond dydw i ddim am i neb wybod. Fe gaf i ddigon o helynt yn egluro pethau i Bryn. A'r bws?'

'Gad ti bopeth i mi . . .' dechreuodd Neteroi ond yna daeth sŵn traed wrth y drws i'w distewi.

Agorwyd y drws a cherddodd Jano i mewn.

'Barod?' gofynnodd, 'neu oes raid i mi geisio ei berswadio?'

'Wnaiff o ddim creu mwy o helynt i ni,' atebodd Carlos yn ffiaidd. 'Dydi o ddim am gael llygad du arall.'

'Iawn. Fe af i ddweud wrth Mr. Lopez,' ebe Jano. 'Gad iddo fynd yn awr.'

Diflannodd drwy'r drws eto.

'Rwyt ti'n rhydd i fynd,' ebe'r Inspector wedi i Jano fynd o'r golwg.

Daliodd y drws yn agored i Cai a cherddodd yntau drwyddo. Yna trodd yn ei ôl yn sydyn. Trawodd y plismon dan glicied ei ên â'i holl egni ac yna gwenodd wrth ei weld yn griddfan.

'Mae arna i honna i ti, gyfaill,' meddai ac yna cerddodd allan o'r ystafell.

Ni cheisiodd neb ei atal ac ni welodd neb wrth iddo gerdded drwy'r gerddi enfawr. Wrth y giât haearn a arweiniai i'r ffordd roedd car yn ei ddisgwyl. Ni ddywedodd y gŵr ifanc, croenddu oedd wrth y llyw yr un gair wrth iddo neidio allan o'r car a dal y drws yn agored iddo. Wedi i Cai eistedd yn y sedd ôl brysiodd y llall yn ôl at y llyw a gyrrodd tua gwesty'r Mellt yn hamddenol.

Gwir oedd geiriau Cai wrth y plismon. Egluro pethau i Bryn Llyfnwy oedd y gwaith anoddaf yn awr, yn enwedig ag yntau wedi bod yn crefu ar i'r polîs fynd i'r hen deml i helpu.

'Ble aflwydd fuost ti?' gofynnodd. 'A be' ydi hanes y llygad yna? Mi dynnais i'r polîs felltith yna yr holl ffordd i'r hen deml, a doedd neb na dim yn unman. Doedden nhw ddim yn rhy hapus oherwydd y peth, deall di fi.'

Edrychodd Cai arno'i hun yn y drych. Roedd ei lygad dde bron â chau a'r clais o'i chwmpas yn ddu fel y frân yn awr. Trodd a gwenu ar ei ffrind.

'Wn i ddim ar y ddaear beth ddigwyddodd,' meddai. 'Fe euthum i yn ôl i'r ystafell yna. Roedd rhywun yn aros amdana i. Y cwbl ydw i yn ei gofio ydi rhywbeth trwm yn syrthio ar fy ngwegil i ac yna dwrn yn fy llygad. Fe ddeffroais ar sedd ar ochr y stryd heb fod ymhell o'r gwesty. Wyddost ti, Bryn, y cwbl fedra i ei ddweud ydi diolch byth ein bod ni yn mynd adref y dydd ar ôl yfory.'

Y bore canlynol daeth y polîs i'r gwesty i weld rheolwr y Mellt.

'Rhaid i ni gael eich bws i garej i'w archwilio,' meddai'n syml. 'Chaiff yr un bws fynd o'r wlad heb dystysgrif yn dweud ei fod wedi ei archwilio yn fanwl.'

Dechreuodd Dic Huws brotestio'n hallt ond gwyddai nad oedd gobaith ganddo newid meddwl y polîs.

'Bydd yn ôl cyn nos,' gwenodd y plismon gan neidio i'r caban gyrru ac i ffwrdd ag ef heb fwy o eglurhad.

Y noson honno, ei noson olaf yn Puerto Negro, daeth Cai i'r gwesty yn gynnar wedi bod yn ffarwelio â'r ddinas gyda gweddill y tîm. Roedd ei fag ar y gwely yn yr union le y'i gadawodd cyn mynd allan. Agorodd ef a'i galon yn ei wddf ond nid oedd dim o'i le. Archwiliodd Cai Jones y bag yn ofalus ond ni fedrai ddod o hyd i un tamaid o gyffur ynddo.

Wedi newid ei feddwl mae'n rhaid, meddai wrtho'i hun ac am y tro cyntaf ers dyddiau dechreuodd ymlacio a theimlo'n hapusach. Yfory byddai yn gadael y cwbl ar ôl. Synfyfyriodd drwy ffenest ei ystafell ar y miloedd o oleuadau yn wincio arno o'r ddinas. Ychydig a feddyliodd fis yn ôl y byddai'n edrych ymlaen gymaint am gael mynd oddi yma.

Pennod 8

Daeth diwrnod ffarwelio â Puerto Negro. Wrth iddo sefyll yn pwyso ar reiliau'r llong gyda gweddill y Mellt, a hithau bron â nosi, teimlai Cai Jones ryw lwmp rhyfedd yn ei wddf. Roedd sŵn y llongau, sŵn y dynion yn gweiddi, y cadwynau yn gwichian yn ei gyffroi yn lân. Yna arogl olew yn gymysg ag arogl heli môr a phersawr y blodau o'r goedwig gyfagos yn ei feddwi. Roedd goleuadau'r ddinas yn gwenu arnynt yn goch a melyn a gwyn wrth i'r rhaffau gael eu rhyddhau a'r llong yn ymwthio'n araf a thawel allan o'r harbwr i ddal y llanw.

I lawr ar y cei oddi tanynt roedd tîm pêl-droed Puerto Negro wedi ymgynnull i ffarwelio. Syllodd Cai Jones tuag atynt a chododd ei law. Yna llamodd ei galon.

'Solano,' gwaeddodd nerth esgyrn ei ben. 'Ffransisco Solano.'

Ond os oedd Solano yn ei glywed ni chymerodd arno ei fod. Synfyfyriai ar y llawr wrth ei draed ac nid oedd fel petai'n medru sylweddoli beth oedd yn digwydd o'i gwmpas. Ochneidiodd Cai yn uchel. Roedd ei ffrind yn dal dan ddylanwad cyffuriau neu effeithiau dieflig y *voodoo.*

Yn awr roedd goleuadau ar y tir yn cilio a golau gwyrdd a choch ceg yr harbwr yn wincio arnynt wrth i'r llong fawr anelu am y môr agored. Daeth awel oer i'w hwynebau a'u hanfon i lawr y grisiau tua'r ystafelloedd cynnes islaw ac yna daeth sŵn utgorn y llong i'w byddaru wrth iddi ffarwelio â Brazil a'i gwres a'i lliwiau.

Roedd Eurico Lopez ar y llong. Fe welodd Cai ef unwaith neu ddwy ond ni chymerodd yr un o'r ddau unrhyw sylw o'i gilydd. Roedd y cawr, Jano, yno hefyd, fel cysgod, wrth gwt ei feistr bob munud. Ond er nad oeddynt yn edrych ar ei gilydd fe wyddai Cai yn iawn fod y ddau arall yn ei wylio'n gyson a'i fod yn gymaint o garcharor yma ar y llong ynghanol ei ffrindiau â phetai wedi ei gau mewn cell yn y carchar.

Nid oedd Cai yn edrych ymlaen at gyrraedd tir. Er ei fod bellach yn gweithio i'r heddlu roedd yr ofn yn ei ymysgaroedd o hyd, a meddwl am yr holl gyffuriau wedi eu cuddio yn y bws islaw'r dec yn gwneud iddo ddeffro ganol nos yn afon o chwys.

'Be' ar y ddaear sydd arnat ti?' gofynnodd Bryn Llyfnwy iddo fwy nag unwaith. 'Wyt ti'n teimlo'n iawn?'

'Does dim byd arna i,' ceisiodd Cai wenu er bod gwenu ymhell o'i galon.

'Wel mae rhywbeth o'i le,' ebe'r llall. 'Rwyt ti wedi bod fel mul ar hyd y daith. Dwyt ti ddim yn dal i boeni am y busnes yna yn Puerto Negro, wyt ti? Fedran nhw ddim cyffwrdd â thi, rŵan, rydan ni bron adref.'

Ac yna yn y bore bach un diwrnod, a glaw mân yn chwipio ochr y llong, yr awyr yn pwyso'n llwyd ar gopäon y bryniau yn y pellter, cyrhaeddodd y llong dir. Roedd pethau mor wahanol yn awr. Gadael haul poeth Puerto Negro am ddydd o haf ym Mhrydain a hithau'n glawio'n oer. Gadael y goedwig a'r blodau a'r adar amryliw am adeiladau llwydion porthladd Southampton a rhes o golomennod yn ymochel rhag y glaw dan ambell fondo.

Ond wrth iddo gerdded gyda'i ffrindiau i lawr y grisiau serth o'r llong dechreuodd Cai Jones deimlo'n ysgafn-galon am y tro cyntaf ers dyddiau. Dechreuodd fwmian canu yn isel wrth iddo ddilyn y lleill drwy ystafell dynion y tollau. Teimlodd ei galon yn dechrau curo'n gyflymach wrth iddo frysio heibio'r swyddogion. Yna aeth ei wyneb fel y tân wrth iddo deimlo llaw un ohonynt ar ei ysgwydd ac yn ei annog at fwrdd hir.

Taflodd Cai ei fag ar y bwrdd a theimlodd y chwys yn rhedeg i lawr rhwng ei grys a'i groen wrth i'r swyddog alw un arall ato. Syllodd y ddau ar y bag lledr a orweddai ar y bwrdd o'u blaenau am eiliad.

'Chi piau hwn, syr?' gofynnodd un ohonynt toc.

Amneidiodd Cai Jones â'i ben ond ni fedrai ddweud yr un gair.

Fel pe mewn hunllef clywodd un o'r swyddogion yn gofyn iddo fynd gyda hwy i ystafell fechan ym mhen draw'r adeilad. Yno roedd gŵr arall yn eu disgwyl.

'Inspector Rees, Adran Cyffuriau,' meddai'n swta gan amneidio ar i Cai eistedd. 'Mae gen i le i gredu eich bod chi yn cario cyffuriau yn y bag yma, syr. Mae gen i ofn y bydd raid i ni ei chwilio.'

Gollyngodd Cai ei hunan i'r gadair. Roedd rhywun wedi ei fradychu. Lopez ynteu Neteroi? Gwyliodd un o'r swyddogion yn gwagio ei fag ar y bwrdd gan archwilio popeth yn fanwl. Yna cymerodd gyllell finiog a thorrodd drwy waelod y bag. Ar unwaith gwyddai Cai nad ei fag ef ydoedd ond un tebyg iawn iddo, gyda dau waelod iddo.

'Inspector?' meddai'r swyddog gan dynnu bag plastig hir o waelod ffug y bag. Roedd yn llawn o bowdwr gwyn.

'Cyffuriau?' gofynnodd y plismon.

'Mi fedra i egluro'r cwbl, Inspector.' Daeth Cai o hyd i'w lais o'r diwedd er ei fod yn hollol ddieithr iddo. 'Yr heddlu ofynnodd i mi ddod ag o i'w helpu.'

Ond doedd neb yn mynd i'w gredu yn awr.

'Inspector?' gofynnodd y swyddog eto.

'Chlywais i ddim sôn am y peth,' ebe hwnnw

'Inspector Neteroi, gofynnwch iddo fo,' llefodd Cai gan obeithio gweld yr hunllef yn diflannu i rywle.

'Chlywais i erioed am y gŵr,' oedd ateb pendant Inspector Rees. Yna trodd at Cai Jones a gofyn, 'Oedd rhywun yn teithio efo chi, syr?'

Eglurodd Cai Jones pwy ydoedd ac ymhle y bu.

'Stopiwch y bws yna a'i archwilio'n drwyadl,' ebe'r Inspector wrth un o'r swyddogion tollau. 'Mae mwy o gyffuriau yn rhywle.'

'Ond camgymeriad ydi'r cwbl,' ebe Cai Jones gan godi ar ei draed yn wyllt.

Gwthiodd yr Inspector ef yn ôl i'w gadair.

'Mae'n rhaid i mi ofyn i chi aros yma am ychydig, syr,' meddai. 'Mae smyglo cyffuriau yn drosedd difrifol iawn.'

Ni fedrai Cai Jones weld dim ond cell o'i flaen.

Eisteddodd yno gan bwyso ei ben ar ei ddwylo, ei ddau benelin ar y bwrdd o'i flaen. Gwyddai fod digon o gyffuriau wedi eu cuddio yn y bws, ond yr hyn a'i poenai fwyaf oedd ceisio amgyffred beth fyddai'n digwydd i Solano yn awr pan ddeuai Lopez i glywed fod y cyffuriau yn nwylo'r heddlu.

Ni wyddai am ba hyd y bu'n eistedd yno. Aeth munud yn awr ac awr yn ddwy. Unwaith ceisiodd gael gweld rhai o'i ffrindiau neu reolwr y Mellt ond wedi iddynt gael eu crafangau arno nid oedd swyddogion y tollau a'r heddlu ddim am adael iddo fynd.

Yna'n sydyn daeth un o'r swyddogion a aeth â'r bag cyffuriau allan ddwyawr ynghynt, yn ei ôl. Taflodd y pecyn ar y bwrdd o flaen Cai Jones ac roedd ei lygaid yn melltennu.

Curodd y bwrdd â'i ddwrn yn ffyrnig.

'Sialc,' meddai. 'Fedrwch chi egluro i mi pam rydych chi'n ceisio smyglo sialc i'r wlad yma. Wyddoch chi ddim y medrwch chi gario llond sach ohono pe hoffech chi a fyddai neb yn ceisio eich stopio chi?'

'Sialc? Ond . . .?' Roedd Cai wedi ei syfrdanu cymaint â neb. 'Sialc? Does gen i ddim syniad . . .'

Yna safodd Inspector Rees o'i flaen. 'Rwy'n meddwl y medra i ateb y cwestiwn yna,' meddai. 'Mae llawer un wedi ceisio chwarae yr un tric. Tynnu ein sylw ni oddi ar y cyffuriau iawn ydi peth fel hyn. Mae'r rheiny yn mynd drwy'r tollau yn saff rhyw ffordd arall tra byddwn ninnau yn gwastraffu ein hamser fan hyn. Ydi'r bws yna wedi ei chwilio?'

'Mae'n lân, syr,' ebe un o'r swyddogion. 'Dim arogl cyffuriau arno hyd yn oed. Mae'r cŵn wedi bod hyd-ddo.'

Roedd pen Cai Jones yn dechrau troi eto. Roedd yn methu meddwl yn glir a doedd dim byd yn gwneud synnwyr iddo bellach. Pam ar y ddaear y rhoddodd rhywun sialc yn ei fag. Ac yna'r bws. Roedd yn amlwg fod Lopez am guddio cyffuriau ar y bws ond pe byddai'r gronyn lleiaf arno ni fyddai dynion y tollau yn hir cyn dod o hyd iddo.

Roedd y swyddogion yn crafu eu pennau mewn penbleth yn awr hefyd. Edrychodd Inspector Rees ar Cai Jones ac atgasedd yn ei lygaid.

'Rydach chi yn rhydd i fynd,' meddai'n anfodlon. 'A gwnewch chi'n siŵr nad ydach chi yn ceisio chwarae triciau ar y polîs eto . . .'

Canodd y ffôn yn groch. Cododd y plismon hi wrth i Cai fynd tua'r drws. Yna gwaeddedd Inspector Rees ar un o'r lleill i'w atal.

'Inspector Neteroi, Interpol,' meddai gan roi'r ffôn i lawr. 'Mae o ar ei ffordd yma. Hwn oedd y gŵr y buoch chi yn ei helpu?'

Eisteddodd Cai ar y gadair eto a'r teimlad o ryddhad yn gwneud iddo ymlacio o'r diwedd.

Pan gyrhaeddodd Neteroi, roedd yn llawn ymddiheuriadau.

'Yr awyren yn hwyr,' meddai. 'Roeddwn i wedi bwriadu bod yma yn dy ddisgwyl ddoe.' Gwenodd ar Cai Jones ac yna aeth i sefyll â'i gefn wrth y ffenest, y lleill yn eistedd o'i flaen fel plant mewn dosbarth.

'Fi roddodd y sialc ym mag y gŵr yma,' eglurodd.

'Cyffuriau oedd i fod ganddo ond rhag ofn i rywbeth fynd o'i le fedrwn i ddim mentro cyffuriau, felly rhoddais rywbeth oedd yn edrych yn debyg i gyffuriau – sialc.'

'A chi adawodd inni wybod ymlaen llaw ei fod yn cario cyffuriau?' gofynnodd Inspector Rees.

'Na. Eurico Lopez wnaeth hynny,' atebodd Neteroi. 'Rydan ni ar ei drywydd ers misoedd, Inspector. Mae o am ddechrau smyglo cyffuriau i Ewrop ac fe welodd gyfle pan ddaeth y Mellt i chwarae pêl-droed yn ei wlad. Smyglo cyffuriau mewn bws ond rhaid oedd iddo roi cynnig arni i ddechrau. Roedd o am weld pa mor saff oedd bws i smyglo cyffuriau. Pa mor dda y medrai guddio cyffuriau mewn bws fel na fedrai neb ddod o hyd iddynt. Ef ddwynodd Esgyrn y Diafol. Efallai i chwi glywed amdanynt. Ef sy'n ymarfer *voodoo* yn Puerto Negro. Doedd ef ei hun ddim yn credu mewn diafoliaid ac ysbrydion. Wedi'r cwbl ef oedd yn eu creu i ddychryn y brodorion eraill er mwyn iddynt fod fel caethweision iddo.

'Roedd Lopez wedi sylwi ar y cyfeillgarwch oedd rhwng Cai Jones a Solano ac fe gododd ofn dybryd ar Solano drwy arwyddion *voodoo* a'r awgrym ei fod am ei aberthu i dduwiau'r tywyllwch. Felly, drwy fygwth lladd Solano gobeithiai gael Cai Jones i smyglo cyffuriau iddo.'

'Ond deallwch chi hyn, Inspector,' ychwanegodd yn sydyn, 'doedd Cai ddim yn fodlon. Fi wnaeth ei berswadio yn y diwedd. Cynllun mawr Lopez oedd cuddio cyffuriau ar y bws, dweud wrth yr awdurdodau fod Cai ar ei ffordd yn cario cyffuriau a gwneud iddo gael ei ddal. Fe wyddai y byddai swyddogion y tollau yn siŵr o chwilio'r bws.'

'Chwilio'r bws, ond . . .?' ebe un o'r lleill ar ei draws mewn syndod.

'Ie, chwilio'r bws. Dydi hynny ddim mor hurt ag y buasech yn meddwl. Roedd yn rhoi cyfle i swyddogion y tollau chwilio am y cyffuiau a dangos iddo pa mor effeithiol oedd y cynllun. Pe baent yn dod o hyd i'r cyffuriau, y Mellt fyddai'n cael y bai. Pe baent yn methu, yna byddai bws ar ôl bws yn dod drosodd, a chyffuriau yn llifo i Ewrop neu yn llifo oddi yno i Dde America.'

'A dyna fel y bydd hi,' ebe Inspector Rees ar ei draws.

'Fel y bydd hi?'

'Does dim un tamaid o gyffur ar y bws yna,' ebe un o ddynion y tollau. 'Rydan ni wedi bod drwyddo â chrib mân ac mae'r cŵn wedi bod ynddo.'

'Ond mae hynny'n amhosibl,' ebe Neteroi. 'Ble mae o?'

Arweiniodd Inspector Rees hwy i sied fawr. Roedd bws y Mellt yn sefyll yno a dau ŵr wrthi yn ei dynnu'n ddarnau, a chraffu i bob twll a chornel. 'Dim byd, syr,' ebe un ohonynt gan ddod i sefyll o'u blaenau. Ysgydwodd Neteroi ei ben mewn penbleth.

'Ond mae cyffuriau arno yn sicr i chi,' meddai. 'Dyna oedd holl bwrpas y peth. Dydi Lopez ddim yn ddyn i wastraffu amser nac arian.'

'Ond mae o wedi dweud celwydd wrthach chi y tro yma neu wedi'ch twyllo,' gwenodd Inspector Rees.

Cerddodd y pump allan o'r sied yn benisel ac anelu yn ôl am y swyddfa.

'A rŵan beth fydd yn digwydd i Solano?' gwaeddodd Cai yn chwyrn yn wyneb Inspector Neteroi. 'Fydd o yn mynd yn aberth i Esgyrn y Diafol felltith yna? Fe wnaethoch chi addo . . .'

'Pam?' gwaeddodd y llall, yr un mor chwyrn yn ei wyneb. 'Pam?'

Yna daeth gwên lydan dros ei wyneb i loywi ei lygaid. 'Pam y gwnaeth Lopez ddwyn Esgyrn y Diafol?'

Trodd ar ei sawdl a brysiodd yn ôl tua'r sied.

'Wrth gwrs fod y dihiryn wedi fy nhwyllo i,' meddai. 'Nid cyffuriau sydd ar y bws.'

Dechreuodd dynnu darnau o'r bws eto, y lleill yn ei wylio'n fud. Toc cododd ddarn o haearn oedd yn dal silff.

'Rhy drwm o'r hanner,' gwenodd. Yna cymerodd gyllell boced fechan a naddu ychydig o'r paent oddi ar yr haearn.

'Inspector?' rhoddodd ef i'r llall.

'Aur pur,' ebe hwnnw mewn syndod.

'Ie, aur pur,' chwarddodd Neteroi. 'Smyglo aur y mae'r cnaf. Gweld pa mor effeithiol y medrai smyglo aur yr oedd o. Mae Esgyrn y Diafol yn ddarnau o'r bws yma, wedi iddo doddi'r aur a'i ailfowldio. A fe ddylwn innau fod wedi gweld y peth o'r dechrau.'

'Mae o'n lledu ei adenydd,' ebe Inspector Rees. 'Cyffuriau yn Ne America, aur yn Ewrop.'

'Ie, aur i brynu mwy o gyffuriau i'w smyglo yn ôl i America, yn ôl pob tebyg,' ebe Neteroi. 'Ond mae digon o dystiolaeth yn ei erbyn yn awr i'w roi dan glo am amser maith. Mae ar ei ffordd i'r Alban rwy'n credu.'

'Aiff o ddim ymhell,' ebe Inspector Rees gan godi'r ffôn. 'Bydd yn y ddalfa cyn nos i chi.'

'A fydd fy nynion i fawr o dro yn hel gweddill y giwed yn Puerto Negro at ei gilydd,' gwenodd Inspector Neteroi, 'ynghyd â Phennaeth y Polîs. Roedd yntau yn nhâl Lopez ac yn fodlon cau ei lygaid ar lawer o bethau.'

'A Solano?' gofynnodd Cai Jones yn isel. 'Beth sydd wedi digwydd i Solano?'

'O ddywedais i ddim wrthat ti?' gwenodd Inspector Neteroi yn slei ddigon. 'Sut ar y ddaear y bu i mi fod mor esgeulus?'

Amneidiodd ar Cai i ddod i sefyll wrth ei ochr. Aeth Cai ato a syllu drwy'r ffenest. Islaw iddo, yn sefyll ar y cei, a golwg un ar goll yn lân arno safai Ffransisco Solano.

'Solano,' ebe Cai yn uchel.

Chwarddodd Inspector Neteroi.

'Daeth drosodd ar yr un awyren â mi,' meddai. 'Mae angen gwyliau ar y creadur rwy'n meddwl.'

Ond roedd Cai Jones wedi diflannu drwy'r drws yn barod.